2009년 인도차이나뱅크와 물류운송회사 글로비아를 설립하였고 2013년 신형 트럭 '대한'을 출시했으며, 2014년에는 오토바이 회사 S&T모터스를 인수 합병해 KR모터스를 설립했다. 2018년 코라오홀딩스에서 LVMC홀딩스로 상호를 변경했다(그룹명은 코라오 그룹으로 유지). 2020년부터 디지털 플랫폼 콕콕 페이와 전기3륜차 콕콕 무브를 출시하고 대형유통점인 콕콕 메가몰과 편의점인 콕콕 마트를 오픈해 라오스에서 유통혁명을 일으키고 있다.

KB183798

한국에서 2000년 산업자원부 장관상, 2004년 국무총리상, 2006년 서울신문 대한민국 경영혁신 대상, 2009년 글로벌 CEO 대상(사회책임 경영부문), 2017년 한국경영학회 한상경영대상, 2020년 장보고한상재단 대상(한정상)을 수상했다. 2003년 한국경제인협회 World Wide CEO 45인, 2010년 한국인을 빛낸 창조 경영인 32인에 선정됐다.

라오스에서는 2004년 국무총리 최고 기업인상, 2008년 국방부 장관 용맹훈장, 2009년, 2016년, 2018년 라오스 대통령 경제발전훈장과 노동훈장, 2020년 라오스 국가건국 70주년 기념훈장을 수상했다. 경제발전훈장은 라오스에서 외국인이 수훈할 수 있는 최고 훈장이다. 이외에도 오세영 회장과 코라오 그룹은 라오스 학생과 청년 활동을 지원하고, 사회공헌 활동에 적극 참여하면서 450여 차례 이상 정부와 사회단체로부터 표창을 받았다.

코라오 그룹은 이제 아세안 국민들에게 희망과 행복을 주는 기업으로 성장했다. '더 넓은 세계에서 기회를 발견하고 꿈을 펼치라'는 오세영 회장의 말처럼 이 책은 그의 창업과 경영철학, 코라오 그룹의 성장에 얽힌 이야기를 담아 이 시대 젊은이들과 성장통을 겪고 있는 기업가들에게 용기와 응원의 메시지를 던진다.

이역만리에서 굴지의 기업을 이루었지만 여전히 고향 묵호를 그리워하는 것처럼, 이 땅의 청년들을 바라보는 오세영 회장의 애정과 열정이 담긴 책이다.

하이웨이에는 길이 없다

하이웨이에는 길이 없다

오세영 지음

글로벌 경영의 판도를 바꾼 코라오 스토리

쌤앤파커스

지도 밖에 길이 있다

결국은 현지화다

PART 3

기회, 그리고 그 너머

코라오 KOLAO 그룹

〈뉴욕타임즈〉에서 선정한 죽기 전에 꼭 가봐야 할 나라, 라오스
그 아름다운 나라에 한국인이 세운 기업이 있다.
라오스 청년들이 가장 취업하고 싶어 하는 기업.
국가 전체 세수에 큰 영향을 미치는 국민기업.
사회공헌 1위 기업.
라오스 국민이 가장 사랑하는 기업.

코라오 그룹은 오세영 회장이 1997년 라오스에 설립한 회사
로 KOREA와 LAOS를 합성한 이름이다.
라오스의 경제특구Special Economic Zone인 사바나켓Savannaket주에
서 자동차 생산을 시작으로 오토바이 제조 및 판매, 은행(라오스 민
간은행 1위), 리조트, 건설 사업 등을 주력으로 해오고 있다.

라오스에서의 성공을 기반으로 2010년 코라오 그룹은 계열사 중 코라오홀딩스를 한상기업 최초로 한국 KOSPI 시장에 상장하였다. 2018년 코라오홀딩스를 LVMC홀딩스 (라오스·베트남·미얀마·캄보디아의 첫 글자를 딴 것)로 변경한 후 인도차이나반도 신흥국 시장으로 사업을 확장하고 있다. 라오스, 베트남, 미얀마, 캄보디아 4개국에 자동차 생산공장을 보유한 전 세계 유일한 그룹이기도 하다. 최근에는 주력 사업으로 메가몰, 하이퍼마켓, 미니마트 등 리테일 사업과 함께 스마트 모빌리티 등 플랫폼 사업을 연계한 O2O Online to Offline 신사업으로 라오스의 유통에 지각변동을 일으키고 있다.

(기업 홈페이지 : www.lvmcholdings.net)

일러두기

신흥국 시장을 '이머징마켓', '저개발 시장' 등으로 혼용 표기했습니다.
외국 인명, 지명은 어문 규범 외래어표기법을 따르되 현지 발음에 맞게 표기했습니다.

타임머신을 타자

나는 왜 해외로 눈을 돌렸을까?

그건 내가 흙수저였기 때문이다.

학벌도, 집안 형편도 내세울 것이 없었다. 한국에서는 누군가를 처음 만나면 "어느 대학을 나왔나요?" "어디에 사나요?" "부모님 직업은 뭔가요?"라고들 묻는다. 좋은 집에 살거나 최고의 학벌을 가졌다면 자신 있게 대답했겠지만 난 늘 머뭇거렸던 것 같다.

그러나 해외에서는 "I'm Korean" "I'm from Korea" 한마디면 더 이상 묻지 않았다. 학벌, 혈연, 지연 등이 별 영향을 주지 않았다. 있는 그대로의 나를 바라봐주는 것이 좋았다.

한국을 떠나야 생기는 경쟁력이 있다

운이 좋았다고 할까.

첫 직장이었던 K 종합상사에서 수출을 담당하던 나는 베트남이 생필품 부족으로 심각한 고통을 받고 있음을 알게 되었다. 베트남에 시장 개방 정책이 도입되긴 했지만 글로벌 기업은 미국의 눈치를 보느라, 또는 리스크가 크다는 이유로 외면하고 있었다. 더욱이 중월전쟁 뒤에 중국의 영향에서 벗어나려 화교 상권마저 축출한 상태였다. 그야말로 베트남 시장은 기득권층이 없는 무주지無主地였다. 동시에 무한한 가능성의 땅이었다. 당시 27살이었던 나는 과감하게 사표를 던졌다.

1990년 11월 30일, 달랑 3,000달러와 옷 가방 세 개만 들고 베트남 호찌민시에 있는 떤선녓국제공항에 도착했다. 지금은 동남아시아 여객 처리량 2위를 기록하는 큰 공항이지만, 당시에는 시골 터미널의 대합실과 다를 게 없는 곳이었다. 10여 명이 서 있기에도 비좁은 공항을 빠져나오자 후덥지근한 열대의 열기가 느껴졌다.

거리에는 장총을 거꾸로 둘러맨 군인들이 왔다 갔다 하고 있었다. 그들의 가슴과 모자에 있는 붉은 계급장이 인상 깊었다.

그제야 내가 베트남에 왔다는 사실이 실감 났다. 내 마음은 기대감과 긴장감으로 한껏 고조됐다. 난 속으로 외쳤다.

'여기서 한국어는 내가 1등이다!'

당시 한국과 베트남은 수교 전(1992년 공식 수교)이라 한국인이 거의 없었다. 그러니 내가 베트남에서 한국어를 제일 잘하는 것은 당연했다.

그런데 이 자신감이 괜한 호기가 아니었다.

사람들이 간과하는 것 하나가 해외로 나가면 놀라운 경쟁력을 갖게 된다는 사실이다. 당시 대한민국 기업의 해외 지사가 거의 없었기에 나는 한국인이라는 이유만으로 한국 제품을 중간 교역하며 사업을 시작할 수 있었다. 그 결과, 베트남에서 해외 바이어로 거듭났고 이 인연이 오늘의 코라오 그룹KOLAO Group을 만들었다.

해외 진출, 답은 이머징마켓

해외 진출을 위해 국가를 선택할 때 정답이 있는 것은 아니다. 그저 먹고살 정도의 일을 원한다면 선진국을 선택하는 것이 유리하다. 하지만 사업 성공을 꿈꾼다면 선진국과 신흥국을 따질 필요가 없다. 아니, 오히려 선진국보다 신흥국이 유리할 수 있다.

저개발국이 많은 동남아시아에는 대한민국이 거쳐 온 많은 것들이 그대로 사업화되고 있다. 우리나라 1970년대 사업이 미얀마나 캄보디아에 있고, 1980년대의 사업이 베트남, 라오스, 필리핀, 인도네시아에서 구현되고 있다. 또한 1990년대 사업이 말레이시아와 태국에 적용되고 있으며 지금 우리와 비슷한 싱가포르가 있다.

전 세계 750만 한상韓商 중 코라오가 가장 성공했다고 인정받는 것은 신흥국이 몰려 있는 인도차이나반도를 선택했기 때문일 것이다. 우리나라를 롤모델로 각 나라의 GDP에 맞춰 시장이 열리기를 기다렸다 필요한 것들을 제공했다. 한국이라는 이정표가, 한국인이라는 경쟁력이 성공으로 이끈 셈이다.

세계적 투자자 짐 로저스Jim Rogers는 좋든 싫든 21세기는 아시아의 시대가 될 것이라고 한다. 이를 증명하듯 슈퍼 아시아 중에서도 가장 역동적인 아세안ASEAN (동남아시아 국가연합) 국가들은 전 세계 인구의 약 8.8%를 차지하는 6억 2,500만 명(2024년 기준)의 인구를 바탕으로 세계 3위의 경제 블록으로 성장했다. 특히 중국 윈난성부터 미얀마·라오스·태국·캄보디아·베트남 등 남중국해로 이어지는 메콩강 주변 국가들은 '메콩강 경제권GMS(Great Mekong Subregion)'으로 불리며 차세대 브릭스BRICS로 주목받고 있지만, GDP는 아직까지 한국의 30년 전 수준에 머물러 있다. 개발 잠재성이 어마어마하다는 얘기다.

1인당 명목 GDP 4만 달러를 눈앞에 두고 있는 한국은 각종 제조업, 전자정보와 반도체 기술, 공공 시스템은 물론 K팝, K푸드, K뷰티 등으로 대표되는 문화 산업에서도 세계 최고라는 평가를 받고 있다. 유엔에 가입한 나라만 200여 개국. 그중 우리나라보다 개발이 덜 된 국가는 180여 개국 이상이다. 아직 우리의 성장 노하우를 적용해볼 나라가 너무도 많다. 대한민국의 성공 경험을 평행이동할 기회의 땅이 세계 곳곳에 얼마든지 있다. 미국의 실리콘밸리에서 쏟아져 나오는 혁신적인 제품이 아니더라도 우리나라가 갖고 있는 기존의 상품만으로도 얼마든지 블루오션 시장을 개척할 수 있다.

중요한 것은 새로운 상품이 아니라 새로운 시장을 발견해낼 수 있는 안목이다. 진짜 기회는 상품보다 개척되지 않은 시장에 있다.

세 번의 기회

청년 실업자가 100만 명이 넘는다는 뉴스를 볼 때마다 답답한 생각을 지울 수 없다. 대한민국 젊은이들의 경쟁력은 대단하다. 영어는 기본이고 몇 개 국어를 구사하는 학생들도 많다. 컴퓨터나 일반상식은 또 어찌 그리 뛰어난지. 어느 나라를 돌아봐도 우리나라만큼 미래형 인재가 넘치는 곳이 없다. 그런데도 'N포 세대'라고 자조하며 절망하는 젊은이들의 모습을 보면 정말 가슴이 아프다. 왜 꼭 한국이어야만 할까? 왜 꼭 선진국이어야만 하는가? 우리나라 젊은이에게는 역량이 아니라 용기가 부족한 것은 아닐까?

사람은 태어난 곳이 아니라 자신의 꿈을 펼칠 수 있는 곳에서 살아야 한다. 파쇄기에서 사라지고 말 이력서를 꾸미는 데 공을 들이지 말고 해외로 눈을 돌려보길 강력히 권한다. 물론 해외 진출이 쉬운 일은 아니다. 한 번에 성공하는 경우도 있지만 대부분 시행착오나 실패를 겪는다. 그래서 해외로 진출하려는 이들에게 한 가지 당부의 말을 하고 싶다. 자신에게 '세 번의 기회'를 주라는 것이다. '삼세번'은 우리의 미덕이다. 누가 잘못하거나 실패해도 세 번의 기회를 주라는 말을 흔히 한다. 그런데 우리는 정작 나 자신에겐 인색해 단 한 번의 실패에 좌절하고 포기해버리는 경우가 많다.

특히 해외에서는 '난 안돼, 이 나라와 맞지 않아' 하고 낙담하며 쉽게 한국으로 돌아가버리곤 한다. 그런 모습을 볼 때마다 몹시 안타까웠다. 나도 인도차이나반도에서 두 번이나 참담하게 무너졌지만 그 실패를 경험 삼아 세 번째 도전에서 성공할 수 있었다.

넘어진 자리에서 일어선 것, 실패의 경험이 노하우와 지식으로 쌓여 있는 그 나라에서 다시 시작한 것이 주효했다. 혹여 실패했더라도 그 나라에서 세 번만 더 도전한다면 분명 그 경험과 실패가 큰 자산이 되어 어떤 식으로든 성공으로 연결될 것이다.

이 책에는 내가 30여 년간 해외에서 천둥벌거숭이로 좌충우돌하며 쌓은 경험과 통찰을 담았다. 돌아보면 부끄러운 일이 많지만, 해외에서 새롭게 사업을 시작하거나 도전해보려는 청년들, 한국에서 회사를 경영하며 성장통을 겪고 있는 기업가들, 사업이 아니더라도 새로운 인생을 살아가고자 하는 사람들에게 조금이라도 도움을 주고 싶어 이 책을 썼다. 특히 신흥국 시장에 도전하려는 이들에게 나의 이야기가 현실적이고 직접적인 도움이 되리라 생각한다.

내가 처음 베트남 공항에 도착했을 때, 그곳은 공항이라고 부르기 민망할 정도로 형편없었다. 라오스는 더욱 열악했고, 캄보디아와 미얀마도 상황은 비슷했다. 이는 사람들의 왕래가 적고 시장의 관심 밖에 있었기 때문일 것이다. 돌아보니, 나는 그렇게 제대로 된 공항조차 없는 미개발 국가들만 찾아다닌 셈이다. 몇 년 후, 약속이라도 한 듯 현대식 공항들이 들어서며 경제 발전이 본격적으로 시작되었지만 말이다.

성공은 구글 맵처럼 누구나 따라가는 일반적인 경로에 있는 것이 아니라, 지도 밖의 새로운 길에 숨어 있는지도 모른다. 위도와 경도로 찍히지 않는, 나만의 등고선을 찾아가는 여정일 수도 있다. 성공을 위해 닦여 있는 '하이웨이'는 없으니까.

나는 오늘도 타임머신을 타고 신흥국과 한국의 1970년대와 2000년대를 오가며, 지도 밖 새로운 길을 찾고 있다.

라오스에 대체 뭐가 있는데요?
― 무라카미 하루키

PART 1

지도 밖에 길이 있다

신뢰에는
'종이'가 필요하다

재외동포끼리 농담처럼 주고받는 말이 있다. 이민 가방을 들고 공항에 내렸을 때 누구의 픽업을 받느냐에 따라 그 이민자의 운명이 결정된다는 것이다. 운 없게도 베트남에서의 내 운명은 '봉제공장 부부'였던 모양이다.

1980년대 말 한국 종합상사들은 인건비가 싼 동남아에서 의류를 생산해 유럽으로 수출했다. 봉제 작업은 주로 인도네시아에서 했는데, 1990년대 들어 그곳의 인건비가 4~5배나 오르는 바람에 새로운 생산지를 찾고 있었다. 마침 개방되기 시작한 베트남 시장이 눈에 들어왔다. 베트남 사람은 우리처럼 젓가락을 사용해서인지 손재주가 좋았다. 인건비도 인도네시아의 30% 수준이었다.*

기회가 있는 곳에는 함정도 있다

나는 호찌민 상공회의소를 통해 현지에서 봉제공장을 운영하는 이를 소개받았다. 그런데 여기에 맹점이 하나 있었다. 상공회의소 같은 기관들이 사람에 대한 검증까지 책임져주지는 않는다는 것이다.

당시 베트남은 산업 면에서 황무지와 같은 곳이었다. 내가 소개받은 부부는 그런 베트남에서 2,000여 명의 직원을 두고 각각 봉제공장을 운영하고 있었다. 남편은 호찌민에서 규모가 상당히 큰 봉제공장 소유주였고 베트남봉제협회 부회장까지 맡고 있었다. 그 부인은 쌍꺼풀이 짙은 전형적인 베트남 미인이었는데 나중에 알고 보니 인민배우 출신이었다. 베트남봉제협회 부회장이란 직함도, 부부가 각각 공장을 운영한다는 사실도 무척이나 신뢰를 주었다. 더 이상 무

---

* 베트남전쟁이 끝난 후 베트남은 도이머이(새롭게 바꾼다는 뜻) 개혁·개방 정책을 채택해 일대 전환기를 맞는다. 1990년에 회사법이 제정되어 국영기업의 민영화가 시작되었고, 1995년 ASEAN, 1998년 APEC, 2007년 WTO에 차례로 가입하면서 '시장사회주의'를 적극적으로 도입했다. 내가 베트남에 도착한 것은 이런 개방의 물결이 막 일기 시작할 무렵이었다. 1992년 한국과 베트남과 공식 수교가 되며, 청바지 브랜드 '리바이스'를 시작으로 태광실업, 화승 등 '베트남 투자 1세대'들의 현지 투자가 잇따랐다. 주로 노동집약적 산업들이었다. 그들보다 내가 조금 빨랐던 셈이다.

슨 증거가 필요할까 싶었다.

오래 머뭇거릴 시간도 없었다. 이미 발주서를 받아온 터라 약속한 기일 내에 완제품의 선적을 모두 끝내야 했다. 여사장과 합자회사를 차리는 것으로 계약하고 생산에 돌입했다. 나는 영업과 자금, 한국인 기술자 5명을, 여사장은 공장 시설과 생산 인력을 대는 조건이었다. 이익은 5 대 5로 나누기로 했다.

합자회사 설립 허가를 받고 작업에 들어가는 것이 순서였지만, 선적 일정이 빠듯해 일부터 시작했다. 여사장은 합자회사 허가서가 나오는 데만 6개월 이상 걸린다고, 자신의 인맥으로 한 3개월 정도 단축시켜볼 테니 "미스터 오는 일에만 전념하라"고 했다.

의심할 법도 했는데, 사실 내가 그 여사장을 전폭적으로 믿게 된 사연이 있었다. 감기몸살 한 번 앓지 않는 건강한 체질이었는데, 이역만리에서 한창 바쁘게 공장 운영을 해서 그런지 갑자기 고열 증상을 겪었다. 이대로 죽는 것 아닐까 싶을 정도로 온몸이 쑤시고 열이 났다. 병원에 가 검사를 하니 뎅기열이라고 했다.*

● 열대지방에서 모기가 옮기는 뎅기바이러스에 감염되어 생기는 병으로 심한 고열과 통증을 유발하는 급성 열성 질환이다. 딱히 치료법이 없으며 환자가 계속 물을 마시고 휴식을 취하게 하면서 자연 회복을 노리는 수밖에 없다.

한 일주일을 꼬박 몸져누웠다. 펄펄 고열에 시달리다 깨
보면 꿈인 듯 여사장이 옆에 있는 것이 보였다. 글썽한 눈빛
으로 이마 위에 물수건을 얹어주며 차라리 자기가 아팠으면
좋겠다는 말도 했다. 외출도 하지 않고 종일 붙어 병간호를
하는 듯했다. 혼미한 상태에서도 참 고맙다는 생각이 들었
다. 큰누님뻘 되는 분이 생면부지에 외국인인 나를 지극정
성으로 돌봐주는 것에 감동했다고 할까.

사실 그때까지도 합자회사 허가서가 나오지 않아 슬슬 불
안감이 들었는데, 천사 같은 분을 잠시나마 의심했다는 자책
감이 들었다. 이 일이 있고 나서는 더욱 여사장을 신뢰하게
되었다.

봉제공장 사업은 순조로웠다. 주변 사람들이 "베트남에선
라이선스 없이 사업하다간 쫓겨난다"고 한마디씩 던졌지만,
그저 잘되는 사업에 있을 법한 시기 질투라고 생각했다. 그
럴 때마다 나는 "우리 파트너는 믿을 만한 사람이에요"라며
두둔하곤 했다.

초심자의 행운처럼 여기저기 소문이 나며 감당할 수 없을
만큼 물량이 밀려들었다. 다른 공장을 몇 개 더 빌려 가동할
정도였다. 어느 정도 선적을 마치고 잠시 숨을 돌릴 즈음, 수
금할 돈을 얼추 계산해보았다. 생전에 한 번도 만져보지 못
한 금액이었다. '이번 납품을 끝내고 합자회사 허가서가 나오

면 내 공장을 지어야지.' '제2, 제3…, 언젠가는 공장을 10개 정도 만들어야지.' 이렇게 한 10년만 일하면 난 상상도 못할 갑부가 되어 있을 것만 같았다. 생각만으로도 가슴이 벅찼다. 베트남은 정말 내 인생 최고의 기회의 땅 같았다.

누가 때렸어?

아침마다 눈 뜨는 게 행복했던 6월 어느 날, 공장에 도착했는데 너무도 조용했다. 늘 직물 기계 소음이 가득했는데 불길할 정도로 정적에 휩싸여 있었다. 한국인 직원에게 물었다.

"오늘 노는 날이야?"

휴일도 아닌데, 직원도 모르겠다는 듯 고개를 저었다. 뭔가 일이 이상하게 되어가는 낌새가 보였다.

나는 곧장 사무실로 향했다. 여사장이 고개를 푹 떨군 채 앉아 있었다. 그녀는 갈라지는 목소리로 어제저녁 한국 관리자가 베트남 직원을 폭행해 난리가 났다는 이야기를 꺼냈다. 그 탓에 직원들이 출근을 거부하고 있다고 했다. 난 한국 직원을 돌아보며 소리쳤다.

"누가 때렸어?!"

　모두 놀란 표정이었다. "평소랑 다른 게 없었다"는 것이
다. 그도 그럴 것이 한국인 직원 다섯 가운데 넷은 여자였다.
남자 직원은 현장 직원이 아니어서 부딪힐 일이 없었을 것이
고, 그렇다면 여자 직원들로부터 폭행이 이루어졌다는 것인
데…. 한국 여자 직원들은 어제의 일을 기억하려 애쓰는 표
정이었다.

　"어제 퇴근할 때 잘 가라고 등을 두드려주긴 했는데…, 혹
시 그걸 폭행이라고 착각한 걸까요? 평소에도 그렇게 하는
데…."

　직원들은 말꼬리를 흐리며 어쩔 줄 몰라 했다. 그 정도를
폭행이라 할 수는 없을 것 같았다. 뭔가 오해가 있는 거 같다
며 잘 얘기해달라고 하자 여사장은 자신이 해결해보겠노라
고 했다.
　그런데 일주일 넘도록 베트남 직원들이 출근하지 않았다.
아직도 배에 실어 보내야 하는 물량이 남아 있는데, 나는 거래
처에 약속을 못 지킬까 걱정되어 전전긍긍할 수밖에 없었다.
　며칠 후 베트남 여사장이 굳은 얼굴로 찾아왔다.

"당신 때문에 나도 이제 망하게 생겼어요."

그러면서 직원들 피해보상을 해줘야 할 것 같다는 것이었다. 나는 여사장을 안심시키려 차분한 목소리로 말을 이었다.

"걱정하지 마세요. 혹여나 그 친구들이 공장에 안 나온다고 해도, 우리가 지금까지 벌어들인 돈이 있으니 새로 시작하는 데 문제는 없을 거예요. 내년에는 올해보다 10배는 더 많은 오더를 받아올 수 있어요."

그런데 여사장은 '망했다'는 말만 되풀이하며 도리질할 뿐이었다. 나는 불안해지기 시작했다.

"그럼 일단 여기서 정산합시다. 정산하고 새롭게 시작합시다."

말끝에 합자회사 허가서는 어떻게 됐는지 묻자 아직도 진행 중이라고 했다.

다음 날 여사장이 정산서를 갖고 왔는데 기가 찼다. 선적한 물량의 대금은 어림짐작만으로도 20만 달러는 족히 넘는 금액인데, 내가 받을 금액이 고작 한국 돈으로 800만 원이란 것이었다. 투자 금액의 30분의 1도 안 되는 터무니없는 액수였다.

정색하며 다그치는 내게 여사장은 기다렸다는 듯 증거 자료를 내놓았다. 모든 게 서류로 준비돼 있었다. 하다못해 생수에까지 간이세금서가 첨부되어 내가 지불해야 할 비용으로 기록되어 있었다. 여사장이 준비한 서류대로라면 그 숫자가 맞았다. 미리 서류를 다 조작해둔 것이다.

끓어오르는 억울함을 억누르고 법무법인에 소송 자문을 구했지만 답은 더 절망적이었다. 외국인이 허가 없이 영업 활동을 하는 것 자체가 불법이어서, 소송에서 이긴다 해도 '추방'이라는 결과를 피할 수 없었다. 애초에 합자회사 허가도, 취업 비자도 없이 1년짜리 관광 비자로 일을 했다는 것 자체가 불법이었다. 더욱이 이런 재판의 경우 통상 3년에서 5년은 걸린다고 했다. 여사장 말만 믿고 허가가 나길 기다렸던 내 불찰이었다.

다급한 마음에 여사장의 남편을 찾아갔지만 더욱 충격적인 사실을 듣게 됐을 뿐이다. 실은 여사장이 자신의 부인이 아니고, 부탁을 받고 동행한 것뿐인데 통역상 오류가 있었던 것 같다고 했다. 난 입국 당시 베트남어 통역을 맡은 통역사까지 찾아갔지만 그는 이미 사라지고 없었다. 그제야 내가 처한 현실이 또렷하게 인식되었다.

'다 끝났구나…!'

여사장은 1만 달러 이상은 절대 못 준다고 못 박았다. 그
것도 인연을 생각해 많이 쳐준 금액이라고 했다. 어처구니
가 없었다. 마음 같아서는 한 푼도 받지 않고 끝까지 싸우고
싶었지만 출국을 못 하고 발이 묶인 한국인 직원들을 보자
마음이 무너져내렸다. 나만 바라보는 직원들을 볼 때마다
스스로가 너무 형편없는 인간처럼 느껴졌다. 내가 이렇게
못난 놈이었다니….

한국 직원들을 마냥 베트남에 버려둘 수는 없었다. 커다
란 복숭아씨가 목구멍을 틀어막는 것 같았지만, 결국 말할
수밖에 없었다. 그 1만 달러라도 달라고….

그렇게 받아낸 돈으로 한국 직원들의 비행기 표와 한 달치
월급을 챙겨주었다. 밀린 월급은 나중에 꼭 갚아주겠노라고
이야기했다. 그런 와중에도 직원들은 오히려 나를 위로했
다. 눈물이 날 것 같았다.*

---

* 1994년이 되어 사업이 어느 정도 궤도에 올랐을 때, 나는 베트남 봉제공장에서 함께 일했던 직원들을
수소문했다. 우리는 비로소 인천에서 다시 만났다. 얼굴을 보자마자 우리는 껴안고 눈물을 흘렸다. 나는 그
자리에서 각각 밀린 월급의 2배 정도를 건넸다. 27살, 어리석고 철이 없던 나를 믿고 함께 베트남으로 향
했던 그들에 대한 미안함이 항상 마음 한편에 있었다.

무엇이든 문서로 남겨야 한다

직원들은 귀국했지만 난 한국으로 돌아갈 수 없었다. 나만 믿고 베트남과 거래한 한국과 유럽 바이어들을 볼 면목도 없었거니와 한국에선 사채업자들이 눈을 벌겋게 뜬 채 기다리고 있었기 때문이다.

주머니에 달랑 남아 있던 300달러마저 외상값으로 노점 할머니에게 털어주고 나니 그야말로 빈털터리가 되었다. 오히려 25만 달러의 빚까지 떠안은 채 혼이 빠진 사람처럼 난 베트남 여기저기를 헤매고 다녔다.

그러던 어느 날 우연히 봉제공장에서 가깝게 지냈던 베트남 여직원을 만났다. 그녀는 노숙자 같은 내 모습을 보더니 미안하다고 울먹이며 그간의 이야기를 들려주었다. 여사장은 처음부터 계획적이었다. 원자재 원가를 3, 4배 높여 장부를 만들었고, 그에 맞춰 영수증도 다 챙겨놓았다고 한다. 합자회사 설립 서류 접수는 처음부터 하지도 않았으며 선적된 옷들의 결제가 이루어질 때를 기다렸다가 나를 몰아낼 작전을 실행했다고 한다. 미안하다는 그 직원의 말이 이제 와서 무슨 소용 있을까.

그때부터 난 모든 계약서를 꼼꼼히 작성하고 협의 사항을 반드시 문서로 남기는 버릇을 들였다.

"협의는 의사결정권자와 하고 그 내용은 꼭 문서로 남겨라."

내가 직원들에게 항상 당부하는 말이다.

만일 합자회사 설립 허가서가 나온 후 면밀하게 계약서를 작성해 일을 시작했다면 우리의 파트너 관계는 어떻게 됐을까? 신뢰란 반드시 기록된 종이와 함께 그 힘을 발휘한다.

싸리비에서
헬리콥터까지

하루 한 끼만 먹어야 한다면 몇 시에 먹는 게 가장 효율적일까? 오후 2시에서 4시 사이이다.

빈털터리로 베트남 거리를 헤맬 당시 나는 하루 이틀에 한 끼만 먹었다. 그런 생활을 오랫동안 하다 보니 오후 2~4시가 가장 효율적인 식사시간이라는 것을 자연스럽게 알게 되었다. 오전의 허기는 곧 점심을 먹을 수 있다는 기대감으로 달랠 수 있었다. 그러나 너무 일찍 먹으면 한 끼 더 먹고 싶다는 생각에 종일 시달려야 했다. 최대한 늦은 시간에 먹고 될 수 있는 한 일찍 잠자리에 드는 것이 가장 효과적으로 하루를 견디는 방법이었다. 아침 겸 점심으로 베트남 쌀국수를 먹고, 그 국물에 밥까지 말아 먹으면 저녁까지 견딜 만했다.

부활의 기회가 찾아오다

길거리에서 무위도식하며 지내던 어느 날, 오토바이 중고 가게를 하는 이로부터 제안을 하나 받았다. 한국의 대림 혼다 오토바이 중고를 구해볼 수 있겠냐는 것이었다. 당시 한국에서는 효성 스즈키와 대림 혼다 두 곳에서 오토바이를 팔고 있었는데 그중 대림 제품이 일본의 혼다 엔진을 장착하고 있었다.

지금도 그의 목소리가 생생히 떠오른다. 베트남어로 '씨티못짬CT100, 대하땀땀DH88'이라고 부르는 오토바이를 가져오면 한국 돈 30만 원을 주겠다는 것이었다. 귀가 번쩍 열렸다.

알다시피 베트남에서 오토바이는 없어서는 안 될 탈것이다. 사람들은 출퇴근부터 등하교, 배달이나 운반에 모두 오토바이를 이용한다. 아기 때부터 엄마 품에 안겨 오토바이를 탄 베트남 사람들에게는 오토바이가 신체 일부와도 같은 생활필수품이었다.

이런 베트남에서 일본의 혼다가 오토바이 시장을 장악하고 있었다. 베트남 말로 오토바이를 '쎄 혼다'라고 한다. 쎄xe

는 바퀴란 뜻이니, 오토바이는 곧 '바퀴 달린 혼다'였다. 혼다가 오토바이의 고유명사처럼 사용될 정도로 베트남에서 일본 오토바이의 인기는 대단했기에 중고조차 높은 금액에 거래되고 있었다. 그런 혼다 엔진을 대림 혼다 오토바이가 장착하고 있다는 것이었다.

난 내게 두 번째 기회를 주기로 결심했다! 한국 지인에게 급히 대림 혼다 오토바이 중고가를 알아봐달라고 했다. 그런데 한국에선 중고 거래가 이루어지지 않고 있으며 필요하면 거저 준다는 것이었다. 그 말에 난 당장 한국으로 날아갔다. 얼마만의 한국행이었던가. 나는 가족에게도 알리지 않고 바로 청량리로 가서 중고 오토바이를 살펴보았다.

"아저씨, 저 CT100 하고 DH88, 저한테 파세요"

"뭐 하려고? 저 고물을 가지고?"

"제가 좀 필요해서요! 부탁드립니다!"

그랬더니 정말 공짜로 가져가라는 것이었다. 나는 속으로 '대박'을 외쳤다. 아직 굴러가는 오토바이는 '한 만 원만 놓고 가'라'고도 했다. 나는 컨테이너 한가득 오토바이를 챙겨 득의양양하게 베트남으로 돌아왔다. 내가 가져온 오토바이는 정말이지 쉴 새 없이 팔려나갔다. 그렇게 판 돈을 마중물 삼아 더 많은 오토바이를 실어 날랐다.

그러나 이 일도 그리 오래 할 수는 없었다. 내가 너무 많이 수입한 탓이었을까, 한국에서 중고 오토바이가 돈이 된다는 소문이 순식간에 퍼지면서 처음에는 공짜로 받아올 수 있었던 오토바이 값이 50만 원까지 치솟았다.

문득 재미있는 기억이 하나 떠오른다. 나중에 대림그룹의 경영자와 막걸리를 한잔한 적이 있었다. 술이 한 잔 들어가자 그분이 머리를 갸웃거리며 말했다.

"1980년 대만 해도 효성 스즈키와 대림 혼다의 시장 점유율은 비슷했거든요. 그런데 갑자기 1990년대 초반부터 역전됐어요. 더욱 이해가 안 가는 건 중고 가격인데요. 효성 스즈키 오토바이는 돈 주고 버려야 했는데, 우리 대림 혼다 오토바이는 오히려 50만 원을 받고 버렸어요."

난 그 말을 듣고 유쾌하게 웃었다. 내 덕분이었는지도 모른다고 하면서 말이다. 얼추 계산해보니 내가 베트남에 중고 오토바이를 들여오기 시작했던 무렵과 때가 겹쳤다.

대한민국을 생산공장으로 둔 '중고왕'

중고 오토바이 경쟁이 심해지자 난 중고 자동차로 눈을 돌렸다. 대림 혼다 오토바이 엔진처럼 일본산 엔진을 장착한 한국 자동차를 찾아보았다. 그때 현대 그레이스 12인승 미니버스에 미쓰비시의 사이클론 엔진이 장착되어 있었는데, 그 덕분에 또 한 번 재미를 제대로 보았다.

그렇게 터보 트레이딩 회사를 시작했다. 다행히도 K 종합상사에서 근무한 것이 큰 도움이 되었다. 종합무역상사는 물건을 중계해주는 일을 하기 때문에 많은 자본도 필요 없었다. 사무실 하나만 있으면 당장 시작할 수 있었다.

사회주의 국가인 베트남은 자유시장 경제를 도입했다고는 하지만 아직 국영기업 위주로 시장이 돌아가고 있었다. 국영기업이 물건을 수입해 소매상인에게 판매하는 형태였다. 물론 예산도 정부에서 나오고 기업 경영자도 모두 공무원이었다. 7~8월경이면 금년도 예산을 소진하기 위해 분주했다. 올해 예산을 다 소진하지 않으면 내년 예산을 따낼 수 없기 때문이었다.

베트남에 다양한 물건을 들여오고 싶었던 공무원들이 하나둘씩 나를 찾아오기 시작했다. 한국과 베트남 사정에 훤했던 난 그들이 원하는 물건들을 막힘없이 제공할 수 있었다.

하이웨이에는 길이 없다

그러자 '미스터 오를 통하면 대한민국의 모든 물건을 구할 수 있다, 미스터 오는 대한민국의 모든 물건 가격을 다 알고 있다'고 소문이 났다. 베트남 기업들은 번호표를 뽑고 줄을 서면서까지 내게 상담 요청을 해왔다.

그때 한국물가정보*에서 나온 노란색의 두꺼운 책자 두 권이 내 사업의 바이블이었다. 신·구약 성경만큼 두꺼운 물가정보지에는 한국의 모든 소비재 상품과 가격이 가나다순으로 잘 정리돼 있었다. 다른 중개인에게 상품을 의뢰하면 한두 주 지나서야 가격을 알려주는데, 난 앉은자리에서 물가정보책을 펼쳐 즉시 가격을 알려주니까 나를 찾는 사람이 많았다.

일단 소매가격을 환율로 나눠 알려준 후 구매 의사가 확실해지면 물가 정보에 나와 있는 그 회사에 연락했다. "베트남에 있는 터보 트레이딩 회사인데, 호찌민에 있는 모 국영기업이 당신 회사의 물건을 사려고 한다"는 이야기를 하면 전화를 받는 담당자의 태도가 달라졌다. 어떤 기업에서는 당장 샘플을 보내주기도 했고, 또 어떤 기업에서는 영업 담당자가 즉시 베트남으로 날아오기도 했다.

● 한국의 물가 조사 기업. 재무부, 경제기획원의 인가를 받아 1970년 12월부터 물가정보지를 발간해오고 있다. 매달 한국 소비자물가지수 및 GDP 디플레이터 산출을 위한 한국의 모든 유통상품의 도매가와 소매가(정가)를 조사하고 있다.

그때 느꼈다. '아, 한국인으로 베트남에 있다는 것이 엄청난 프리미엄이구나.' 아직 한국 기업들의 해외 지사가 설립되지 않은 때여서, 난 한국을 대표하는 바이어처럼 일했다. 대한민국이 마치 나를 위한 생산공장 같았다. 나는 거대한 공장을 등에 업고 한국 제품을 중간 교역하고 수출 창구 역할을 하는 일을 계속했다. 그렇게 사업을 점점 키워나갔다.

출퇴근에는 오토바이를 타다가도 바이어를 만날 땐 없는 돈을 쪼개 고급 승용차를 빌렸다. 바이어가 방문할 경우에는 사무실 책상에 카시오 계산기와 몽블랑 볼펜, 손목에 차고 있던 고가의 손목시계를 보란 듯이 올려놓았다. 일종의 기선 제압용이었다.

그리고 노란 물가정보지를 내 개인 카탈로그인 양 당당하게 펼쳐 상품 소개도 하고 주문도 받았다. 그때 베트남에서 내 별명이 '싸리비에서 헬리콥터'였다. 만물상처럼 취급하지 않는 것이 없어 붙여진 이름이었다.

한번은 강원도 사찰의 스님 몇 분이 베트남까지 와서 싸리비를 주문한 적이 있다. 한국은 겨울이어서 싸리 빗자루를 구할 수가 없다길래 직접 샘플을 만들어 보여준 후 몇 컨테이너를 수출한 일도 있었다.

호찌민의 렉스 호텔Rex Hotel은 당시 외국인이 자주 드나드는 곳으로, 그곳에서 자연스레 러시아, 중국, 대만, 싱가포르 등에서 온 바이어들과 비즈니스가 이루어졌다. 어느 날은 러시아에서 나온 군 비행기와 헬리콥터를, 또 어떤 날은 중국산 시멘트까지도 수수료를 받고 중개했다.

취급하던 품목 가운데서 가장 큰돈을 벌어준 것은 중고 건설 플랜트 장비였다. 자본주의가 태동하던 베트남에서 자동차나 건설 플랜트 같은 고가의 기계류는 주로 중고를 도입했다. 나는 돌 깨는 기계, 시멘트 섞는 레미콘 등 고가의 장비를 한국에서 입찰받아 수리한 후 되팔았다. 4,000만 원에 입찰받았다면 한 4,000~5,000만 원 들여 수리한 후 3억 원에 넘겼다. 정말 '남는 장사'였다. 금세 연간 매출액이 1억 달러를 넘어섰다.

"비결은 실패입니다"

어느 날, K 종합상사에서 과장으로 모셨던 선배로부터 연락이 왔다. K 종합상사 출신들이 한 100여 명 상하이에서 봉제업을 하고 있는데, 와서 강의를 좀 해달라는 것이었다. 아직 내가 강의를 할 만큼 엄청난 성공을 했다고 생각하진 않았지만, K 종합상사 선배님들을 뵙고 인사를 나눌 수 있다는 것에 기쁜 맘으로 응했다.

"선배님들 덕분에 무역을 배워 지금 이 자리에 오게 되었다"라며 말문을 열었다. 그런데 강의가 끝날 즈음 누군가 질문을 했다. 자신들은 K 종합상사에서 퇴직하고도 40년 넘게 여전히 봉제 사업을 하고 있는데, 어떻게 싸리비부터 헬리콥터까지 팔 수 있느냐는, 이런 무역을 어떻게 하게 되었냐는 질문이었다.

순간 당황했다. 어쩌면 처음 한 봉제업이 사기당해서, 더 이상 갈 곳이 없어서, 떠밀리듯 시작한 사업이었기 때문이다. 만일 봉제 사업을 잘했다면 아직 봉제를 하고 있지 않았을까.

내 도전은 실패에 등 떠밀려 이루어진 것이었다. 똑똑하거나 평온하거나 여유가 있었다면 굳이 도전하지 않았을 것이다. 물러날 곳이 없어 내 앞의 허들을 뛰어넘는 데 온 힘을 다했을 뿐이다.

"선배님들은 이 업계에서 베테랑이고 바이어로부터 인정받았기 때문에 지금까지 계속 이 일을 할 수 있는 것이지요. 전 선배님들만큼 능력이 안 됐기 때문에 다른 일을 찾은 것이고요. 제 비결은 실패입니다. 오히려 제가 실패한 분야에서 성공하신 선배님들께 박수를 보냅니다."

나의 진심이 닿았는지 우레와 같은 박수 소리가 들렸다. 갑자기 가슴이 뜨거워졌다. 정말 그랬다. 실패가 내 발전기 역할을 해준 것은 분명했다. 낭떠러지에서 떨어지지 않으려 매번 죽을힘을 다해 점프했다.

내 성공의 비결은 바로 실패였다.

당장 캄보디아로
갑시다!

베트남에서 중고왕으로 명성을 떨치던 어느 날, 얼굴이 시커멓고 덩치가 큰 사내들이 사무실로 들이닥쳤다. 굳은 표정의 사내들은 중고왕의 소문을 듣고 캄보디아에서 왔다고 했다. 내전이 끝나가고 있어 국가 재건용 건설 중장비와 시멘트 등이 필요하다는 것이었다. 당장이라도 나를 캄보디아로 끌고 갈 기세였다.

또 다른 기회의 땅, 캄보디아

독자의 이해를 돕기 위해 캄보디아의 역사를 살펴볼 필요가 있을 듯하다. 이 세상에서 캄보디아만큼 기구한 역사를 가진 나라도 많지 않을 것이다. 우리나라도 강대국 틈바구니에서 수난을 겪었지만 캄보디아는 아직도 그 후유증에서 벗어나지 못한 채 최빈국의 삶을 살고 있다.

킬링필드는 알려진 것처럼 극단적인 공산주의 망상에 빠진 폴 포트와 급진좌익 무장단체인 크메르루주Khmer Rouge가 반대 세력을 대량 학살한 사건이다. 정권을 잡은 후 약 3년 9개월 만에 캄보디아 전체 인구의 4분의 1이 사망한 세계사에서 그 유래를 찾아볼 수 없는 끔찍한 사건이었다.

이 만행은 베트남까지 영향을 미쳤고 베트남은 캄보디아를 침공해 캄푸치아 인민공화국(1979~1989)을 세웠다. 하지만 중국과 미국은 이 정부를 인정하지 않고 오히려 인민을 대량학살한 크메르루주 정권을 국제적으로 지지했다. 이에 베트남은 크메르루주의 만행을 세계에 알렸지만, 침공에 대한 국제적 비난도 피할 수 없었다. 결국 베트남은 1989년 캄보디아에서 철수했고 캄보디아는 독립을 되찾았다. 1991년 유엔 주도로 새 정부가 세워지고 총선이 열렸으나, 크메르루주는 이를 거부하고 무장투쟁을 계속했다.

내가 시커멓고 덩치 큰 사내들의 방문을 받았을 때가 크메르루주의 게릴라식 무장투쟁이 한창 벌어지고 있을 때였다. 캄보디아는 한국 외교부에서 위험지역으로 분류해 자국민의 입국을 금지한 곳이었다. 당연히 대사관도 철수한 상태였다.

생사 문제와도 직결되기에 나는 내 앞에 놓인 위기와 기회 사이에서 잠깐 갈등했다. '정말 캄보디아 사람은 맞을까? 혹시 나를 납치하러 온 것은 아닐까? 내전 중인 캄보디아에서 많은 사람이 죽어 나간다는데, 그곳에 갔다가 위험에 빠지거나 돌아오지 못하게 될 가능성도 있지 않을까?' 하지만 부딪쳐보기로 했다!

천국과 지옥

캄보디아로 가는 정기 비행기 편이 없어 간혹 한 번씩 뜨는 오래된 프로펠러기를 탈 수밖에 없었다. 프놈펜공항은 내가 처음으로 인도차이나반도에 발을 디뎠던 호찌민 국제공항보다도 더 열악했다.

마을버스 대합실 같은 곳에 내리니 직원이 여권 대신 백지 한 장에 도장을 꾹 찍어주며 출국할 때 이 종이에 다시 도장을 받아 제출하라고 했다.

공항을 나오니 나를 초청한 군인들이 기다리고 있었다. 그중 한 명이 내게 방탄조끼를 건네며 크메르루주가 게릴라전을 벌이고 있으니 조심하라고 했다.

무장단체가 총을 들고 갑자기 들이닥칠 것만 같아 머리칼이 곤두섰다. 공항 근처에 간혹 늑대 울음 같은 긴 총성이 울리기도 했고 어떤 때는 콩 볶는 소리 같은 짧고 긴박한 총성이 들리기도 했다. 목적지로 이동하는 내내 머리칼이 쭈뼛섰다.

초저녁인데도 칠흑 같은 어둠에 휩싸여 있었다. 캄보디아에는 전기 공급이 거의 없었기 때문이다. 가끔 발전기를 돌려 전기를 밝힌 곳도 있었지만 도시는 대부분 깊은 어둠 속에 잠겨 있었다.

그런데 도착한 캄보디아나Cambodiana 호텔* 안은 전혀 다른 세상 같았다. 휘황찬란한 불빛에 세련되게 옷을 차려입은 캄보디아인과 화교, 유럽 등지에서 사업을 하러 온 사람들이 꽤 많이 모여 있었다. 한국 사람은 하나도 없었고 일본 사람도 거의 없는 듯했다. 동남아 중개무역을 많이 하고 있어서인지 싱가포르인이 눈에 많이 띄었다.

● 지금은 캄보디아에 5성급 이상 호텔들이 즐비해 캄보디아나 호텔은 상대적으로 초라해 보이지만, 난 아직도 가끔 프놈펜에 갈 때면 캄보디아나 호텔에 가서 무모하고 용기 있던 그 시절의 나를 떠올리곤 한다.

베트남에서도 먹기 힘든 고급 해산물부터 온갖 진수성찬이 뷔페로 잘 차려져 있었다. 밖에서는 포성이 울리고 시체가 곳곳에 널브러져 있는데 이곳은 전혀 딴 세상 같았다. 천국과 지옥이 공존하고 있는 듯했다.

기회는 종종 위기로 위장한다

이날을 시작으로 베트남과 캄보디아를 오가며 중고 굴착기 같은 건설 중장비를 수출했다. 어떤 날은 금액이 그리 크지 않으니 현금을 직접 받아 가라고도 했다.

'현금으로 지불한다고 해놓고 물건만 받은 뒤 나를 해치면 어쩌지?'

여행 허가를 받은 것도 아니어서 설혹 쥐도 새도 모르게 사라진다 해도 아무도 모를 것이었다. 호텔 방에 누워 있었지만 쉽게 잠을 이룰 수 없었다.

잠금장치가 신통치 않아 밖에서 밀면 그냥 문이 열렸다. 불안한 마음에 탁자와 소파, 의자를 모두 문 앞에 쌓아두고 억지로 눈을 붙이고는 했다.

어떤 날은 차를 타고 가는데 갑자기 총을 든 군인들이 나타나 저쪽으로 가라고 소리쳤다. 그래서 행로를 바꿔 가는데 격렬한 총격전 소리가 들렸다. 어디서 그런 용기가 났을까. 그 시절 나는 캄보디아를 잘도 헤집고 다녔다.

하지만 그때로 다시 돌아간다 해도 나는 똑같은 선택을 할 것 같다. 기회란 종종 위기라는 위장술을 사용해 나타난다. 용기를 내는 자만이 그 기회를 얻을 수 있게 하려고 말이다. 캄보디아와의 거래는 사업 재기에 큰 도움이 되었다. 지금도 만약 회사가 위기에 처한다면 난 오히려 안전한 곳이 아닌 위험한 국가를 골라 찾아갈지도 모른다. 위기가 큰 만큼 기회가 더 많기 때문이다.

빵을 같이 먹는 사람들

최근 LVMC홀딩스는 인도차이나반도 전역으로 사업을 넓히고 있다. 캄보디아에는 자동차 조립공장을 세우는 등 투자를 많이 하고 있다. 캄보디아 내전 당시 태어난 이들이 현재 우리 회사 직원으로 들어와 일하는 모습을 보면 가슴이 먹먹해진다. 그 친구들은 캄보디아의 역사적 아픔을 책으로 배웠지만 나는 현장에서 직접 체득해서인지 가끔은 내가 그 친구들보다 캄보디아를 더 잘 아는 것 같고 캄보디아의 어른이 된 느낌이다. 캄보디아 역사의 한 페이지와 함께 내 인생이 흘러갔고 거기서 기회도 찾고, 그 기회를 기반으로 재기해 다시 캄보디아 경제 개발에 참여하고 있으니 말이다.

언젠가 회사를 가리키는 'company'의 어원에 대해 읽은 적이 있다. 'com'은 '함께'라는 뜻이고 'pan'은 빵을 뜻하는 'panis'에서 유래했다고 한다. 즉 'company'는 '함께 빵을 먹는다'는 뜻이다.

캄보디아는 내가 가장 어려웠던 시절을 거쳐 다시 빵을 얻게 만들어준 곳이다. 내가 다시 그 빵을 나누기 위해 이곳에 투자하고 있다는 사실이 감격스럽다. 사업이란 '함께 빵을 나누는 일'임을 다시 한번 깨닫는다. 민족이나 혈족보다 함께 빵을 나누며 피와 살을 만들어가는 이들이 진정한 가족이며 식구가 아닐까.

'08공안'에게
끌려가다!

'내가 들여 온 물건을 직접 팔 방법은 없을까?'

가만히 보니 소매의 이익은 무역 중개 수수료와는 비교가 되지 않았다. 특히 중고 건설 중장비는 단가가 워낙 커서 한 대만 팔아도 이윤이 엄청 남았다. 거래 구조가 눈앞에 뻔히 보이니 욕심이 난 것은 사실이다. 물건을 중개하고 수수료를 받는 사업이 아니라 이익이 더 큰 소매업을 직접 해보고 싶었다. 하지만 베트남 법규상 외국인은 소매업에 손을 댈 수 없었다. 고민 끝에 현지인의 신분을 빌려 쇼룸을 냈다. 당시에는 공공연한 일이기도 했다. 중개무역으로 만족해야 했는데 조금 더 이익을 취하겠다고 과한 욕심을 부린 것이다. 이것이 화근이 됐다.

거래자들 실토하세요

1994년 미국 월드컵의 열기가 한창 무르익고 있던 여름, 갑자기 베트남 경제경찰 30여 명이 쇼룸으로 들이닥쳤다. 08공안˙으로 불리는 이들은 호찌민경찰청에서 경제범죄를 담당하고 있었다.

그중 한 명이 압수수색 영장을 책상 위에 '턱!' 올려놓았다. 베트남 직원들은 파랗게 질려 얼어붙은 듯 서 있었다. 08공안들은 사무실에 있는 서류를 가져온 박스에 모두 쓸어 담고 내 여권도 압수했다. 그러면서 내일 아침 출두하라는 말을 남긴 후 서류 박스들을 들고 유유히 사라졌다.

뜬눈으로 밤을 세운 뒤 날이 밝자마자 호찌민경찰청으로 향했다. 자주 지나다니던 길이었는데 이런 건물이 있었나 싶을 정도로 새삼 담장이 몹시도 고압적으로 느껴졌다. 정

● 　한국경찰청의 금융범죄수사대, 경제범죄수사팀 같은 개념이다. 정식 명칭은 호찌민경찰청 산하 부패·밀수·경제범죄 담당 경찰국the Police Division for Corruption, Smuggling and Economics Crimes under the Ho Chi Minh City Police Department이다.

문을 들어서자 시멘트 건물이 여러 동 보였다. 난 지정해준 조사실로 들어섰다. 내가 너무 긴장해 보였는지 조사관은 월드컵 얘기로 말문을 열었다.

"어제 한국과 독일전 보셨어요? 한국 축구 잘하던데."

그러면서 은근히 협박하듯 덧붙였다.

"조사에 제대로 응하지 않으면 바로 추방된다는 거 아시죠?"

난 추방이라는 말에 움찔했다. 이미 무역 규모가 1,000억 원을 넘은 상태였다. 거대한 미래가 눈앞에 있는데 추방된다는 건 사형 선고나 다름없었다. 내겐 가장 무서운 협박이었다. 또 이렇게 실패하나 싶었다.

"자, 미스터 오. 거래했던 사람들 다 실토하세요."

내가 그동안 해온 무역은 베트남 국영기업이 원하는 상품을 한국 기업에서 조달하고 중간에서 수수료를 챙기는 합법적인 거래였지만 그래도 혹시나 거래처에 피해가 갈까 걱정

스러웠다.

"제가 찾아가서 만났고, 제가 물건을 팔았습니다. 우리 거래처들은 아무 잘못 없습니다."

내가 책임을 떠안으려 하자, 조사관이 6개월 동안 24시간 나를 미행하며 수집한 기업 리스트와 조사 자료를 내 앞에 내밀었다. 중개업으로 한국 제품을 공급하던 내가 소매업을 시작하자, 위기를 느낀 베트남 상인들이 08공안에 투서를 보냈던 것이다. 조사관은 내가 거래한 회사를 하나하나 짚어가며 심문을 계속했다. 6개월 동안의 만남 기록과 침실의 불이 꺼진 시간까지 자세히 적힌 일정표를 보며 나는 자포자기한 심정이 되었지만 그래도 모르쇠로 일관했다.

조사를 받은 지 3주 후, 다행히 내가 한 대부분의 사업이 불법이 아닌 것으로 판명 났다. 물론 현지인 이름을 빌려 쇼룸을 운영한 것에 대해서는 벌금형을 받았다. 08공안들은 혹시 내가 베트남 기업과 다른 불법적인 거래를 하고 있는 것은 아닌지 수위를 높여 조사한 것이었는데, 그런 적이 없었기에 당연히 그 부분에서는 아무 문제가 없었다.

적지 않은 돈을 벌금으로 냈지만, 추방되지 않는다는 것만으로도 감사할 따름이었다. 조사가 끝난 후 거래처들 사이에서 내 이야기가 회자되었다고 한다.

"미스터 오는 나이도 어린데 '모든 게 내 잘못이다' 하면서 우리를 지켜주더라고…."

한국 청년의 의리가 여러 사람의 화제에 오른 모양이다. 이 일로 난 더 두터운 신뢰를 받으며 이전보다 훨씬 더 많은 거래를 할 수 있었다. 베트남 거래처에서 내게 주는 정보량도 전보다 훨씬 늘어났다.

"미스터 오가 취급할 수 있는 것은 다 갖다 줘."

덕분에 매출도 2, 3배 이상 뛰었다.

진정성과 합법성만이 나를 지켜준다

호찌민경찰청 조사실에서 보낸 3주는 돌이켜보면 가장 큰 교훈을 얻었던 시기였다. 법을 우회하거나 눈가림하는 행동은 절대 해서는 안 되며 시간의 문제이지 그 대가는 반드시 치르게 된다고. 위기를 극복하는 방법은 오직 진정성과 합법적인 행동 뿐이라는 것을 깊이 새긴 시간이었다.

08공안이 들이닥쳤던 그때의 기억 때문에 지금도 난 퇴근할 때 책상을 깨끗이 정리한다. 불법적인 일을 할 리도 만무하고, 라오스에서는 모범적인 사례로 수많은 훈장을 받았지만, 여전히 책상에 서류 한 장 남겨놓지 않는다. 30년이 지난 지금까지도 말이다.

또 한 번의
시련

아침은 한국에서, 저녁은 필리핀에서, 다음 날 아침은 또 다른 나라에서 먹을 만큼 세계를 누비고 다녔다. 채 6개월도 안 돼 입출국 도장 찍는 면이 꽉 차 여권을 새로 발급받아야 할 정도였다. 한국 장한평 사옥에 상주하는 인력만 180여 명. 여기에 중국, 방글라데시, 필리핀, 미얀마를 거쳐 남미 페루, 심지어 인도, 카자흐스탄까지 전 세계에 상주하는 직원만도 1,000명이 넘었다.

세계 중고차의 허브, 수빅만의 꿈

그때 난 거대한 꿈을 꾸고 있었다. 바로 필리핀 수빅만*에 '세계 중고차 허브'를 만드는 것이었다. 필리핀 수빅만은 클라크국제공항에서 차로 40분 거리에 있는 항만 도시로 지금은 관광지와 민간용 부두로 사용하고 있지만 한때 아시아에서 가장 큰 미군 해군 기지가 있었던 곳이다. 그만큼 규모가 크고 인프라가 잘 갖춰진 곳이다. 이 장점을 살려 전 세계의 중고차가 이합집산할 수 있는 허브를 건설하면 참으로 멋질 것 같았다.

수빅 주지사를 만나 야심 찬 계획을 설명했다. 미국, 유럽, 일본, 한국 등 세계 각국의 중고차를 모두 모아 부품부터 완성차까지 공급할 수 있는 기지를 만들겠다고. 수빅만의 그 광활하고 넓은 대지에 중고차 관련 모든 상품을 펼쳐놓고, 전세계 바이어들이 각자의 기호에 맞게 골라갈 수 있도록 세계 최대의 중고차 허브 기지를 조성하겠다고 말이다.

중고차라도 나라마다 선호하는 유형이 달랐다. 이를테면 필리핀은 바디와 섀시, 엔진을 따로 구매해 조립하는 것을 선호했다. 남미에서는 엔진이 붙어 있는 차량 앞부분의 반

• 지금은 일본 요코스카로 이전한 미국 태평양함대 제7함대 사령부가 있었던 주요 군항이었다. 미군 철수 이후 필리핀 정부에서는 이곳을 특별경제구역으로 지정하고 상업과 산업을 크게 육성하고 있다.

을 잘라 간 후 프레임만 따로 수입해 완성차를 만들었다. 높은 자동차 세금에 특별소비세까지 붙는 현지 사정 탓이었다. 그러다 보니 어떤 차는 앞부분은 현대차, 뒷부분은 대우차를 조합하기도 했다.

태평양에 있는 괌에 가면 버려진 중고차가 산처럼 쌓여 있다는 소식을 듣고 직접 괌 주지사도 만났다. 쌓여 있는 중고차를 실어 보내는 데만도 막대한 비용이 드니까 그냥 방치한 것이었다. 내가 그런 차량을 모두 싣고 가겠다고 하니 반색하며 적극 협조하겠다는 의사를 비쳤다.

미국 , 일본, 한국 중고 자동차를 수빅만에 산더미처럼 쌓아놓고 폐차한 후 구성품을 전부 분해해 엔진은 엔진대로, 부품은 부품대로 남미 등에 수출하고 여러 브랜드 부품들을 섞어서 재조립해 새로운 차로 탄생시킬 생각이었다.

계약까지 마쳤다. 전 세계 자동차의 폐차장이면서 재창조의 공간이기도 할 수빅만 허브를 떠올리자, 수빅만 앞의 드넓고 푸른 파도가 몰려오듯 마음이 한없이 일렁거렸다.

베트남의 아세안 가입이 남긴 것

꿈에 부풀어 있던 1996년 어느 날, 베트남 법인장으로부터 전화를 받았다. 베트남이 아세안에 가입하면서 중고품 수입이 전면 금지되었다는 것이다. 난 그 말을 듣는 둥 마는 둥 귓등으로 흘렸다. 중고장비 없이 경제 개발을 하겠다고? 그 많은 장비를 어떻게 모두 신제품으로 구입하겠다는 것인가. '그저 일시적인 현상일 뿐'이라며 일축했다.

한국과 수교도 하기 전, 베트남 사람들이 치약도 없이 살 때부터 이들과 함께 생활하며 겪어보았기에 난 누구보다 베트남을 잘 알고 있었다. 그런데 시대의 흐름에 따라 베트남이 변할 수도 있다는 것은 미처 몰랐다.

미국이 금수 조치를 해제하고 수교하면서 베트남 시장에 큰 변화가 일어났다. 주요 국가의 대기업들이 베트남에 지사를 설치하고 자사 물품을 공급하기 시작했다. 그러나 비싼 신품이 잘 나갈 리가 없었다. 베트남 시장은 여전히 중고를 원했다. 하지만 1995년 아세안에 가입한 베트남 정부는 중고품 수입 중단 조치를 내렸다. 당시 난 베트남 정부의 중고차 수입금지 조치가 그리 오래가지 못할 것으로 낙관했다. 아니, 오히려 지금이 기회라며 은행 돈까지 끌어 재고를 더욱 쌓아두었다. 중고사업은 유효기간이 없다며 누구의 말도 듣지 않고 밀어붙였다. 세상이 변하는 것도 모르고 엔진의 수명이 다한 자동차처럼 위태하게 질주했다.

그런데 아뿔싸, 베트남 정부의 조치는 빈말이 아니었다.

중고품 수입 금지 정책이 장기화되자 내 사업의 체력이 바닥 나고 말았다. 결국 연쇄 부도가 일어났다. 1억 5,000만 달러에 달했던 사업 기반이 한순간에 날아갔다. 나의 야심 찬 중고 자동차의 허브 수빅만의 꿈도 함께 날아갔다. 무역으로 다져진 그 좋았던 기회들도 함께 날아가버렸다.

화끈한 두 번째 실패

실패하려면 그렇게 눈과 귀가 가려지고 오만해지는 것인가 보다. 베트남 정부의 조치에 따른 영향은 충분히 예상할 수 있는 것이었다. 그런데 나만 사시처럼 주변을 보지 못했다. 시대의 변화를 읽지 못하고 내가 알고 있는 사실이 전부인 양 생각했다. 다른 사람의 조언을 귀담아듣지 않고, 나만 진실을 볼 수 있다고 착각했다. 그게 마치 나만의 능력인 것처럼 오도해 올바르지 못한 의사결정을 했다. 초심을 잃고 말았던 것이다.

실패를 예상했다면 조금이라도 덜 망하는 쪽으로 준비했을 것이다. 죽일 것은 죽이고 살릴 것은 살리면서, 최소한 재기 할 수 있는 발판은 마련했을 것이다.

그런데 다 잘될 거라는 믿음으로 중국, 필리핀, 한국, 홍콩 등 전 세계의 회사들을 다 묶어놓고 그저 기다리라고만 했다. 베트남에 잠깐 자금이 묶였지만 곧 풀릴 것이라고 호언장담했다.

그동안 신화 같은 역사를 계속 써왔으니 앞으로도 계속 그럴 거라 생각하고 있다 한순간 산화된 것이다. 모든 직원이 나만 믿고 있다 완벽하게 전소된 것이다.

처음에는 베트남을 원망하기도 했다. 그러나 가만히 생각해보니 다 내 탓이었다. 시대의 흐름을 읽지 못하고 내 아집에 갇힌 결과였다. 누구를 탓하겠는가. 나의 무모함이 또 한 번의 실패를 가져온 것이다. 크게 성공했다고 생각했는데 알고 보니 전부 은행 돈이었다.

또 완전히 빈털터리가 되었다.

Hi,
미스터 스포티지

두 번째 실패 이후, 내 삶은 이전 베트남에서 보다 더 비참했다. 그나마 아직은 젊다는 것으로 위안을 삼았다. 내가 너무 무모했다는 사실을 반성하며 건강한 몸과 올바른 정신만 있으면 기회는 다시 올 것이라 스스로 위로했다.

라오스도 비었고 나도 비었구나!

동남아시아 여기저기를 집시처럼 돌아다니던 나는, 마지막으로 라오스에나 한번 가봐야겠다고 생각했다. 왜 갑자기 그런 생각이 들었는지 여전히 의문이다. 잘나갈 때는 쳐다보지도 않던 나라였다. 한반도보다 조금 큰 면적의 땅에 700만 정도의 인구가 살고 있는 아시아 최빈국이었지만 오히려 사람들의 행복지수는 세계 선두를 달린다고 했다.

그래서일까? 태국에서 쿵쾅거리는 버스를 10시간 넘게 타고 국경을 넘어 라오스에 내리자 이상하게 마음이 평온해졌다. 포근한 기운이 나를 안아주는 듯했다. 논밭만 보이는 풍경을 시작으로 흙먼지가 풀풀 날리는 비포장도로, 그 옆으로 풀을 뜯어 먹는 흰색 물소들…. 차도 드물었고 심지어 오토바이도 별로 눈에 띄지 않았다.

"라오스도 비었고 나도 비었구나."

나도 모르게 그 말이 절로 흘러나왔다. '텅' 비어 있는 라오스가 내 처지와 비슷하다고 느꼈던 모양이다. 오히려 텅 빈 모습에서 묘한 평온함을 느꼈다.

알고 보니 라오스는 한국과 비슷한 점이 많았다. 한때 조선이 은자의 나라로 불린 것처럼 라오스는 동남아에서 가장 조용한 나라로 불리고 있다. 한국이 중국과 일본 사이에서 크고 작은 침략에 시달리다 식민지배를 당했고 강대국들이 개입한 한국전쟁으로 엄청난 피해를 입었던 것처럼 라오스

하이웨이에는 길이 없다

는 중국, 베트남, 캄보디아, 태국, 미얀마 등에 둘러싸여 있어 수십 차례 침략과 지배를 받았다. 극심한 내전도 이어졌다. 20세기 초에는 프랑스 보호령으로 있다가 제2차 세계대전 때 잠시 일본의 통치를 받았으며, 일본 패망 후 다시 프랑스의 지배를 받았다. 프랑스로부터의 독립 전쟁 과정에서 내전을 겪었으며, 프랑스와 태국의 영토 협상으로 국토의 상당 부분을 상실했다. 마침내 1954년 제네바 협정으로 라오스는 프랑스로부터 독립했지만, 이번에는 형제국처럼 지내는 베트남과 미국 사이에 전쟁이 벌어지며 또 다른 희생을 치러야 했다. 북베트남군의 침공 루트를 빌려주었다는 이유로 미국으로부터 무차별 폭격을 당했다. 베트남전이 북베트남의 승리로 마무리되자 그 영향을 받은 라오스도 세계에서 몇 안 되는 사회주의 국가가 되었다.

라오스의 정식명칭은 라오인민민주주의공화국Lao People's Democratic Republic이다. 1992년 메콩강경제권에 가입하면서 본격적으로 문호를 개방했고, 내가 도착한 그해 아세안에 가입하면서 연 7% 이상의 성장을 거듭하고 있었다.

메콩강의 포옹

역사적인 아픔이 많은 나라임에도 라오스 사람들의 얼굴은 선하고 미소는 따뜻했다. 모르는 사람과 눈이 마주쳐도 온화한 미소를 보내주었다. 인사할 때도 '싸바이디'라고 말하며 공손하게 두 손을 합장했다. 불교 국가임을 보여주는 인사다. 화를 내는 사람도 큰 소리도 다투는 사람도 거의 없었다. 프랑스 식민지 시절 한 프랑스인이 "베트남 사람들은 벼를 심고 캄보디아 사람들은 벼가 자라는 것을 보며, 라오스 사람들은 벼 익는 소리를 듣는다"*고 했다는데 라오스인의 조용하고 순박한 심성을 정말 잘 표현한 말 같다. 때 묻지 않은 자연처럼 살고 있는 사람들이었다.

난 저녁 해가 기울 때쯤 '비어라오' 한 캔을 들고 메콩강가로 갔다. 태양이 메콩강 속으로 녹아들며 황금빛 물이랑을 찰랑찰랑 풀어내고 있었다. 그 모습이 가슴이 시리도록 아름다웠다. 물론 캄보디아, 미얀마, 태국, 베트남에도 메콩강이 흐르지만 라오스에서 마주한 메콩강은 무언가 특별했다.

메콩강은 티베트 고원에서 발원해 중국, 미얀마, 라오스, 태국, 캄보디아, 베트남을 거쳐 남중국해까지 6개 나라를 거

* 《비밀의 라오스》 한명규, 매일신문사.

처 흐른다. 그 길이는 장장 4,200킬로미터로, 세계에서 10번째로 긴 강이다. 그중 약 45%가 라오스를 통과한다. 메콩강이 엄마의 품처럼 유독 넓고 포근하게 느껴졌던 것은 그래서였을까.

라오스어로 메콩강의 정식 명칭은 메남콩ແມ່ນ້ຳຂອງ이다. 일반적으로 메콩이라 하며 어머니의 강이라고 칭한다. 어머니의 강, 메콩강의 황금 물결이 모유처럼 가슴으로 스며들어 속삭이는 듯했다. 여기 있으라고, 괜찮다고. 살포시 다가와, 지치고 허망한 나를 따뜻하게 안아주었다. 그러자 뜨거운 눈물이 흘렀다. 성인이 되고서 처음으로 가슴속 깊은 곳에서부터 흘려본 눈물이었다. 내가 라오스에 정착하기로 마음먹은 것은 이때부터였을 것이다.

재기의 씨앗이 된 중고차 5대

라오스는 내가 나에게 준 세 번째 기회였다. 나는 그 기회를 놓치지 않으려 눈을 부릅뜨고 라오스를 살펴보기 시작했다. 베트남에서 중고차 오퍼상을 한 경험을 살려 시내 중심에 있는 빠뚜사이(라오스의 개선문) 앞에서 도로를 오가는 자동차들을 찬찬히 살펴보았다. 도로에는 일본 차 일색이었다(당시 한국 차는 10여 대도 되지 않았다).

라오스에서 대부분의 차량은 우측 통행을 위해 핸들이 왼쪽에 달려 있었다. 그러나 일본산 차량은 핸들이 오른쪽에 장착되어 있어, 많은 이들이 왼쪽으로 불법 개조했다. 이로 인해 교통사고가 자주 발생하는 것으로 보였다. 왼쪽에 핸들이 있는 한국 차를 들여오면 충분히 승산이 있을 것 같았다.

다행히 내수 시장이 작다는 이유로 글로벌기업이나 대기업들은 아직 라오스를 거들떠보지 않았다. 나처럼 빈손인 사람에겐 그들의 무관심이 호재였다. 적은 자본으로도 무언가 시작할 수 있었다. 700만이라는 인구도 사실 적지 않았다. 게다가 난 이미 베트남에서 중고차 사업으로 크게 성공도 했고 실패도 하지 않았던가.

어렵게 돈을 빌려 중고차 5대를 수입했다.

라오스엔 바다가 없어 차를 들여오려면 태국 방콕의 람차방Laem Chabang항을 거쳐야 했다. 나는 그곳에서 차를 찾아 육로로 14~15시간 달려 라오스 국경을 넘었다. 항구 통관절차에만 익숙했던 나는 육로로 국경을 넘는 것이 몹시도 불안했다. 차량을 이동하는 사이 강도를 만나면 어쩌나, 운전기사들이 작당해 중간에 차를 훔치면 어쩌나 하는 걱정을 했다. 태국 운송회사는 내게 차가 내일 아침에 도착해 있을 거라며 걱정 말라고 했지만 나는 안심할 수가 없었다. 자동차

5대는 내 전 재산이었기 때문이다.

절박한 만큼 불안도 더 커졌다. 난 운송회사의 만류에도 불구하고 람차방에서부터 제일 앞차에 운송기사와 함께 타고 뒤로 차 4대가 쭉 따라오는지 계속 감시하며 라오스까지 왔다. 중간에 차가 눈에 안 보이면 운송기사를 독촉해댔다. 그렇게 가슴을 졸이며 밤 9시에 출발해 정오에 도착할 때까지 15시간 이상을 뜬눈으로 새웠다.

세관원을 영업사원 삼아

아는 사람도, 마땅히 차를 둘 장소도 없었던 나는 중고차 5대를 어떻게 판매할지 고민하다 결국 세관 마당에 차를 세워둔 채 판매를 시작했다.

뜬금없이 세관 마당이라니. 하지만 이것저것 가릴 처지가 아니었다. 마침 세관 마당의 크기나, 그 앞을 지나가는 유동인구의 수가 적당해 보였다.

세관 직원에게 자동차 살 사람을 소개해주면 충분히 사례하겠노라고 말한 후 난 근처 커피숍에서 대기하고 있었다. 조금이라도 차에 관심을 보이는 사람이 있으면 직접 뛰어가차를 소개했다.

당시 도요타 SUV는 태국에서 왼쪽 핸들로 개조해 들여오기 때문에 안전성에도 문제가 있었고 가격도 비쌌다. 일본에서 이윤을 남기고 태국에서도 개조비용이 추가되다 보니 가격이 비쌀 수밖에 없었다. 그런데 내가 수입한 기아 스포티지는 SUV에 좌측 핸들이었고 가격도 도요타의 3분의 1밖에 안 되었다. 예상대로 많은 사람이 차량에 관심을 보이기 시작했다.

어느 날 한 남자가 이리저리 차를 꼼꼼히 살펴보더니 물었다.

"핸들도 왼쪽이고 가격도 싸네요. 그런데 한국 차는 부품 구하기가 힘들지 않을까요?"

나는 당당히 대답했다.

"아닙니다. 제가 여기 살 거라서 고장 수리, 끝까지 책임집니다."

그러자 남자는 가서 돈을 가져올 테니 기다리라고 했다. 갑자기 베트남에서 경제경찰의 조사를 받던 기억이 떠올랐다. '혹시 경찰인가?' 아직 사무실조차 마련하지 못한 터였다. 도망을 가야 하는 것 아닌가 고민하고 있는데 남자가 정말 검은 비닐봉지에 1만 5,000달러를 담아서 돌아왔다. 그게 당시 라오스의 일반적인 비즈니스 형태였던 것이다.

나중에 알고 보니 시내 주택가에 위치한 세관은 역외 지역이었다. 바다가 없으니 항구가 아닌 국경 근처 도시 내에 세관이 있었다. 게다가 세관 앞마당에 세워두었으니 통관되기 전까지는 차량을 도난당할 일도 없었다. 그야말로 안전한 창고였다. 세관 사람들을 내 영업사원으로, 세관 앞마당을 내 차고로 이용하며 중고 자동차를 팔기 시작한 셈이다. 나는 그때 명함에 '미스터 스포티지'라고 새겨 넣었다. (그래서 지금도 옛날 친구들을 만나면 '하이 스포티지, 미스터 스포티지'라고 부른다.) 좌측 핸들을 단 차를 가져와 저렴한 가격에 부품 공급까지 보장하자 스포티지는 수입되기 무섭게 팔려나갔다. 난 서서히 라오스에서 자동차 중개상으로 자리를 잡아가기 시작했다.

최고의 제품이 아니라
필요한 제품을 팔아라

35만 달러 올인

한국 중고차를 판매해 한 35만 달러쯤 모았을 때였다. 한국에서 외환위기(IMF사태)가 터졌다. 그 여파가 라오스에까지 영향을 미쳐 당시 사바나켓*에서 자동차 조립공장을 하던 한국의 M기업이 철수하기에 이르렀다. 해당 기업은 한국 자동차 대리점권을 얻은 후 인도차이나반도 중심에 있는 라오스에서 자동차를 생산해 인근 국가로 수출하겠다는 야심

---

* 메콩강에 접하며 라오스 중남부, 태국과의 경계에 위치한 도시로 2005년 카이손폼비한으로 개명했다. 라오스 수도인 비엔티안 다음으로 큰 도시로, 라오스 경제의 중심지이기도 하다.

찬 계획을 세웠던 모양이다. 효성 오토바이 대리점권도 획득해 오토바이 조립공장까지 갖춰놓았지만 너무 앞선 선택이었다. 당시는 중고차 시장이었지 신차는 거의 안 팔리던 시기였다. 한 50대 정도 조립한 차량은 몇 년째 한 대도 팔지 못한 채 공장 앞마당에 주차돼 있었고 오토바이 300대가량도 그냥 방치돼 있었다. 엎친 데 덮친 격으로 외환위기로 환율까지 치솟아 한국 기업들은 초비상 상태였다.

M기업에서는 서둘러 공장 인수자를 찾다가 나에게까지 연락한 것이었다. 총 투자 비용이 500만 달러 정도 되는데, 200만 달러로 인수하라는 제안이었다. 나는 솔직한 상황을 전했다. 가진 자금이 35만 달러뿐이니, 협상할 생각조차 하지 않고 있다고 말했다. 역시나 담당자도 허탈하게 웃었다. 그 금액은 공장 앞마당에 세워놓은 현물 값도 안 된다고 했다.

그런데 얼마 후 한국에서 급파한 그 기업 상무가 나를 한 번 더 찾았다. 알고 보니 앞서 이야기를 나누었던 담당자가 빨리 귀국하고 싶은 마음에 정확히 확인되지도 않은 소문을 조금 과장해 보고한 모양이었다. 국내의 사정도 좋지 않으니 빠르게 처리하고 싶은 속내가 보였다. 상무가 물었다.

"정말 현금으로 35만 달러를 가지고 있습니까?"

내가 그렇다고 하자 현금을 보여달라고 했다. 특별히 불법을 저지르지 않았으면서도 외국인이란 이유로 언제고 추방될 수 있다는 불안감에 늘 시달렸다. 그래서 난 2인용 침대 매트리스의 스펀지 절반을 파낸 후 돈이 들어오는 족족 그곳에 보관했다. 자다가도 문제가 생기면 언제고 들고 떠날 수 있도록 달러로 보관하고 있었다. 난 상무에게 내가 침대 매트리스에 숨겨놓은 현금 다발을 보여주었다. 그제야 상무는 믿는 눈치였다.

"내가 회사 그만두고 이 공장 인수할까도 생각했습니다만…, 당신은 복 받은 겁니다."

믿어지지 않겠지만 난 정말 35만 달러로 자동차 공장을 인수했다. 덤으로 오토바이까지 조립, 생산할 수 있게 되었다. 한국의 외환위기가 내게는 인생 역전의 기회가 된 셈이다. 베트남에서 겪었던 좌절과 실패가 빠르게 뇌리를 스쳐갔다. 달랑 사무실 하나 얻어 중고차 팔던 내가, 외국인이라 역차별에 시달리던 내가, 주류 사회의 변방을 떠돌던 내가, 어엿이 외국인 투자 법인으로 100% 인정받으며 라오스 유일의 자동차 조립 생산 시설을 갖게 된 것이다.

왜 코라오 자동차를 사야 할까?

공장과 기반을 확보했으니 우선은 제대로 된 기업 이름부터 지어야겠다는 생각이 들었다. 무엇이 좋을까. 라오스에서의 사업은 스스로에게 준 세 번째 기회였다. 그만큼 절박하고 절실했다. 라오스에 뼈를 묻겠다는 각오로 회사명에 '라오스'를 포함시키고 싶었다. 또한, 한국인이라는 이점을 가지고 인도차이나반도에서 돈을 벌기 시작했기에 한국인으로서의 정체성도 반영하고자 했다. 그래서 한국의 '코Ko'와 라오스의 '라오Lao'를 결합해 '코라오KOLAO'라는 이름을 지었다.

조립생산공장을 보유하긴 했지만 앞으로 자동차를 어떻게 팔 것인가가 문제였다. 당시 라오스를 포함한 동남아시아의 자동차 산업은 일본의 영향력 아래 있었다. 미쓰비시, 도요타, 닛산 같은 일본 자동차 업체들은 1970년대부터 태국과 인도네시아를 중심으로 현지 생산라인과 공급망을 구축해놓았다. 두 나라에서 일본 자동차의 시장 점유율이 90%에 달할 정도였다. 이런 상황에서 소비자가 일본산 차가 아닌 코라오 자동차를 선택하도록 만들어야 했다.

스스로에게 물어보았다. '소비자가 왜 코라오 차를 사야 하지?' '무엇이 소비자로 하여금 경쟁사가 아닌 코라오의 차를 사게 할까?' 실제 생산과 판매에 들어가기 앞서 시뮬레이선을 수십 차례 해보았다.

그리하여 세운 코라오의 전략이 KD Knock Down 방식*이다. 가격을 낮추기 위해 중고차를 완제품이 아닌 부품 상태로 수입해 현지에서 재조립했다. 중고차 수입 관세는 100%지만 부품 수입 관세는 40%인 점을 노렸다. 절약한 관세만큼 자동차 판매가를 대폭 낮추어 저렴한 가격에 소비자에게 공급할 수 있었다.

앞서 잠시 언급했듯 라오스는 항구가 없어 수입품을 들여오려면 태국 방콕에 있는 항만을 이용해야 했다. 부품 상태로 수입한 중고차는 컨테이너에 담겨 방콕항에 내리고, 이를 컨테이너째 옮겨 라오스 사바나켓에 있는 코라오 공장까지 직송한다. 이곳에서 부품을 재조립하며 대대적인 리모델링 작업도 병행한다. 낡은 부품을 수리하거나 교체하고, 시트를 갈고, 찌그러진 외장은 펴거나 덧대고, 도색도 새로 하면 중고차는 최소 20년은 더 탈 수 있는 상태로 변신했다. 여기에 코라오 이름을 붙였다. 그러자 자동차는 날개 돋친 듯 팔려나갔다.

● 차량을 완제품이 아닌 부품 상태로 수입한 뒤 현지에서 용접, 페인팅 조립 등을 거쳐 완성품으로 만들어 판매하는 방식. 고용 창출, 관세 하락, 인건비 절감 등의 이점을 취할 수 있다.

제품에 대한 두려움을 상쇄해라

제품을 마케팅하는 데 중요한 건 제품 자체를 알리는 것보다 제품에 대한 두려움을 상쇄하는 것이다. 낯선 한국 차라는 두려움. 중고차의 핸디캡인 안전에 대한 두려움.

일본 상품이 주를 이루는 라오스 시장에서 한국 차에 대한 소비자들의 두려움과 불안을 직접적으로 상쇄할 수 있는 특단의 조치가 필요했다. 고민 끝에, 나는 라오스 최대의 첨단 서비스센터를 열기로 결심했다. 우리와 인연이 된 고객의 불편함을 끝까지 책임지는 코라오 서비스센터야말로 소비자들의 마음을 사로잡는 결정적 요소라고 생각했기 때문이다. 차량 판매 수익금 전부를 털어 서비스센터를 설립했다.

당시 라오스의 포장도로 비율은 약 10% 정도여서 도로 사정이 몹시 좋지 않아 자동차의 잔고장이 많았다. 그래서 한국에서 검증된 전문 자격 기술자들을 채용하고, 신차처럼 보증수리 기간을 두어 그 기간 안에는 무상으로 수리를 해주었다. 중고차에 무슨 워런티가 필요하냐고 말하는 사람도 있었지만 라오스 최초로 실시한 이 정책은 고객들의 무한 감동을 불러일으켰다. 오래된 중고차는 단종된 부품이 많아 구하기가 보통 어려운 일이 아니었다. 급할 때는 전시돼 있는 차의 부품을 뜯어 고쳐주었다.

A/S 시간도 획기적으로 단축했다. 일본 차는 태국에서 부품이 오기를 기다려야 했기 때문에 최소 3일 이상이 걸렸다. 그러나 코라오는 무조건 하루 안에 수리한다고 못 박았다. 나아가 라오스 수도인 비엔티안에만 그치지 않고 지방까지 긴급출동할 수 있는 A/S를 시행했다. 일본 차 절반 값에 전국에 50여 개의 센터를 두고 철저한 A/S를 하자 소비자들의 선호도가 달라질 수밖에 없었다.

서비스센터 고객 대기실도 쾌적하게 설계했다. 동남아시아에 흔한 창고형 센터와는 차이를 두었다. 한국과는 달리 라오스 사람들은 수리가 끝날 때까지 몇 시간이고 서비스센터에서 시간을 보내는 경향이 있다. 마치 병원에서 아픈 아이를 지켜보는 것처럼 수리가 진행되는 동안 그 자리에서 계속 차를 지켜보고 있는 사람이 많았다. 그래서 시원한 에어컨이 나오는 통유리 공간으로 고객 대기실을 만들어 고객들이 자기 차가 어디서 어떤 수리를 받는지 CCTV로 실시간 확인할 수 있도록 했다. 식당, 카페, 마사지샵 같은 부대 시설도 갖추었다. 손님들의 반응은 기대한 것보다 더 폭발적이었다.

일본 차 일색이었던 라오스에서 서서히 한국 자동차의 경적이 울려 퍼지기 시작했다. 도로 위의 자동차 두 대 중 하나 이상이 코라오의 자동차로 바뀌었다. 코라오가 도요타를 누르고 53% 이상의 시장 점유율을 가져가게 된 것이다.

코라오 오토바이, 혼다를 앞지르다

오토바이 시장에 진출할 때도 마찬가지였다. 2000년대 초, 라오스에도 중국의 저가 오토바이가 밀려들어오기 시작했다. 중국산 오토바이는 같은 무게의 쇳덩어리보다도 싼 가격이었다. 중국에 오토바이 공장이 과포화되면서 생긴 현상이었다. 당시 혼다 오토바이 가격이 2,500달러 정도였는데 중국 오토바이는 700~800달러 정도였다. 자연스럽게 라오스 사람들은 중국의 저가 오토바이를 사서 고쳐가며 사용했다. 수리비를 감내할 만큼 가격이 쌌다.

난 그 모습을 유심히 보며 다시 한번 기회를 포착했다. 중국 오토바이보다 조금 비싸더라도 성능은 혼다 오토바이에 버금가는, 고쳐 쓰지 않아도 되고 잔고장도 없는 코라오 오토바이를 만들면 분명 승산이 있겠다고 보았다. 오토바이를 잘 아는 라오스인이라면 반드시 우리 오토바이를 알아봐줄 것이라 생각했다.

우선 주변 6개국에서 부품을 가져다 라오스 맞춤형 오토바이로 재조립했다. 오토바이 몸체는 라오스 코라오 공장에서 생산하고, 플라스틱이나 의자처럼 단순한 제품은 중국에서 가져와 가격을 낮췄다. 엔진에 들어가는 부품 중에 내구성이 중요한 것은 한국 제품을 쓰고 일부 베어링의 경우 일본 또는 대만제를 썼다. 시동을 거는 데 필요한 전자제품은 태국 것을 사용했다. 국가별로 강점이 있는 부품들을 조합해 품질은 높이고 가격은 낮췄다.

그런데 오토바이를 만들어놓고 보니 선뜻 시장에 내놓을 수가 없었다. 워낙 철저하게 준비하다 보니 작은 결함도 자꾸 눈에 들어왔다. 시험 운전하며 테스트해보길 여러 번, 그러는 사이 중국 오토바이 가격은 500달러까지 떨어졌다. 빨리 출시하지 않으면 더 손해 본다고 걱정들이 많았지만, 나는 안전성은 물론이고 아주 작은 것 하나까지 세세하게 완벽을 기하고 싶었다.

드디어 제품에 확신을 가지고 출시를 결정한 날, 쇼룸에는 우리 오토바이 100대가 진열됐다. 늘어선 코라오 오토바이를 보자 가슴이 떨려 도저히 그 자리에 있을 수가 없어 회사로 돌아왔다. 과연 어떤 반응이 있을까? 내 방에 들어서자마자 득달같이 전화가 걸려 왔다. 직원은 몹시 흥분하고 있었다.

쇼룸을 열자마자 오토바이가 동이 났다는 것이다. 라오스 사람들은 중국 오토바이도 혼다 오토바이도 아닌 코라오 오토바이를 선택했다. 코라오 오토바이의 진가를 알아보았다. 나의 전략이 통한 것이다.

당시 코라오 공장에서 하루에 오토바이 120대 정도를 생산할 수 있었는데, 그 물량이 쇼룸 문을 열자마자 완판 행진을 거듭했다. 일본 혼다와 중국 오토바이를 제치고 코라오 오토바이가 라오스 시장에서 선두 자리에 올라섰다. 혼다를 꺾다니! 혼다의 흑역사를 코라오가 만들었다!*

내수 시장 규모가 작다는 이유로 라오스 시장을 간과했다면 오늘의 코라오는 없었을 것이다. 설혹 시장기회를 발견했다 해도 남들이 하듯 단순 중고 중개업을 했다면 코라오는 여기까지 오지 못했을 것이다. 코라오는 KD 방식을 도입하고 수리 부품을 교체하고 도색을 새로 하는 등 브랜드를 재창조해 라오스인들이 안심하고 구입할 수 있도록 했다.

라오스인들이 원하는 것은 최고의 성능과 품질이 아닌, 싸고 잔고장이 없으며 수납공간이 많은 오토바이였다. 그래서 주변 6개국에서 부품을 가져다 라오스인들에게 꼭 필요한 맞춤형 오토바이로 만들어 팔았다. 내가 잘 알고 있는 자동차와 오토바이를 라오스인에게 필요한 제품으로 재창조해 판 것, 그것이 내 성공 비결이었다.

● 전 세계에서 혼다가 어느 한 기업 때문에 철수한 일은 이것이 처음일 것이다. 한 2년 정도 문을 닫은 혼다는 베트남에서 필요한 부품만 장착한 저가 오토바이를 만들어 라오스로 보내기 시작했다. 코라오와 비슷한 전략을 구사해 역공을 가해온 것이다. 막강한 브랜드 파워가 있다 보니 우리가 밀린 것도 사실이다. 그렇다고 우리가 오토바이를 포기한 것은 절대 아니다. 전기 오토바이로 다시 한번 멋진 한판 승부를 준비하고 있다. 혼다가 어떤 비장의 무기를 들고나올지는 두고 볼 일이다.

털어서 먼지 한 톨
안 나는 기업이 있나

"대표님, 큰일 났습니다! 갑자기 특별 세무조사반이 들이 닥쳤습니다!"

이른 아침 코라오 사바나켓 공장에서 전화가 왔다. 경찰 들을 포함해 상공부, 산업부, 세관, 세무서 직원 등 10여 명 이 들이닥쳐 함께 장부를 뒤지고 있다는 것이었다.

주류 사회로 들어가는 좁은 문

뒷골의 심줄이 팽팽해지는 기분이었다. 난 곧장 차를 몰았다. 라오스의 수도 비엔티안에서 사바나켓 공장까지 거리는 약 600킬로미터였다. 비행기도 없던 시절, 난 울퉁불퉁한 비포장도로를 쉴 틈 없이 달렸다. 라오스가 어떤 나라인가. 목줄도 안 찬 개들이 도로 한가운데 누워 있고, 소 떼들이 자기네들끼리 풀을 뜯으러 길 한복판을 떼 지어 다니는 곳이 아니던가. 라오스인들은 워낙 느긋한 성품이라 그들이 지나갈 때까지 기다려주곤 했지만 내게는 그럴 시간이 없었다. 운전하는 동안 심장이 타들어가는 듯했지만 차창 밖의 나뭇잎조차 한없이 게으르게 흔들릴 뿐이었다. 6, 7시간 걸리는 거리를 3시간 만에 주파했다. 제정신이 아니었다.

하지만 그것은 시작에 불과했다. 약 2년여 동안 30여 차례 강도 높은 세무조사를 받았다. 어떤 날은 하루에 두세 번 비엔티안과 공장을 오간 적도 있었다. 중고 스포티지를 몰고 600킬로미터를 미친 듯이 오가던 시절, 아무런 사고가 안 난 게 새삼 기적처럼 느껴진다. 타이어가 펑크 나는 건 기본이었다. 그래서 항상 트렁크에 스페어타이어를 여러 개 넣고 다녔다. 가다가 터지면 다시 갈아 끼우고 달렸다. 움푹 파인 길에서 차가 전복할 뻔한 적도 여러 번이었다.

그렇게 조사를 계속 받다 보니 죽을 맛이었다. 정말 라오스 사업을 접고 떠나버리고 싶은 마음도 들었지만 한편 이제야 주류 사회로 들어가는 관문에 섰구나 하는 생각도 들었다. 나와 코라오가 기득권층이 경계해야 할 만한 대상이 되었다는 생각에 그리 기분 나쁜 일만은 아니라고 스스로를 달래기도 했다.

정공법으로 가라

라오스에서 처음 사업을 시작했을 때만 해도 한국 차는 찾아보기 힘들었다. 그런데 거리에 한국 자동차가 절반을 넘어서자 경쟁 기업들의 투서, 당국의 견제 등으로 세무조사가 끊임없이 이어졌다. 나중에 들은 바로는 공무원 책상에 음해성 투서가 산처럼 쌓였다고 했다.

신흥국의 법규는 선진국에 비해 느슨해서, 그 틈새를 노리는 유혹이 많은 것은 사실이다. 그만큼 정상적으로 세금을 내고 사업하는 이들이 드물었다.

하지만 난 코라오를 창업하면서 철저히 원칙을 지켰다. 다행히 베트남에서의 실패와 경험이 백신 역할을 해주었다.

그런 모습이 현지인에게는 융통성이 없어 보였던 모양이

다. 수입 통관을 담당하던 라오스인이 내게 답답하다는 듯이 말하고는 했다.

"행님."

내가 가르쳐준 한국말이었다.

"행님, 이거 해도 돼. 내 이름으로 다 할 테니까 행님은 나만 믿고 제발 가만있어."

수입한 차량 대수를 낮춰 신고하자는 것이었다. 당시 세관 관리는 허술한 편이었고, 차량 대수는 수기로 대충 기록되었다. 마음만 먹으면 수입 차량 대수를 얼마든지 속여 신고할 수 있었다. 차 한 대당 수입 관세가 1,000만 원이 넘었으니 편법을 쓰면 결코 적지 않은 이득을 얻을 수 있었다. 하지만 나는 원칙을 지키는 준법 경영만이 나를 지켜준다는 것을 이미 알고 있었기에 흔들리지 않았다.

전화위복

어느 날부터인가 조사관들의 태도가 달라지기 시작했다.

"미스터 오, 이제 공장으로 안 내려와도 됩니다."

조사를 나오기는 했지만 털어봤자 나오는 것이 없으니 저녁이나 먹고 가겠다는 것이었다. 회계가 워낙 투명해 무혐의로 나왔고 세무조사는 당연히 문제없이 마무리되었다. 오히려 특별세무 조사 덕분에 코라오는 '털어도 먼지 한 톨 안 나는 기업'이라는 이미지를 굳힐 수 있었다. 전화위복이었다.

코라오는 모범적인 외국인 투자 기업으로 알려졌다. 라오스 정부 내에서는 해외투자 유치를 위한 사례 모델로 코라오 기업을 지원하자는 분위기가 만들어졌다. 그 후 코라오는 지금까지 매년 정부로부터 우수기업 표창과 훈장을 받고 있다. 또, 그때 세무조사를 담당했던 관리들이 지금은 라오스의 고위급 인사가 되면서, 코라오에 대한 그들의 신뢰는 지금까지도 굳건하게 유지되고 있다.

코라오가 조금이라도 거짓된 경영을 생각했다면 진작에 무너졌을 것이다. 하지만 편법을 쓰지 않았기에 지금까지 버틸 수 있었다. 모든 성공에는 성장통이 있기 마련이다. 그

것은 어디서나 마찬가지이다. 주류 사회에 진입하기 위한 통과의례 같은 것이 있다. 외국 기업이 너무 잘나가면 기득권층의 배척과 질시, 견제, 음해나 고발 등을 겪기 마련이다. 이런 것들을 이겨내야만 비로소 그들과 같은 권한을 행사할 수 있고, 그 나라에서 영속하는 기업으로 거듭날 수 있다.

적금이
없는 나라

코라오의 자동차 사업이 어느 정도 시장을 확보하자 한창 상승세를 달리던 점유율이 조금씩 정체되기 시작했다. 뭔가 탈출구가 필요했다.

라오스인들의 소비 욕구는 점점 높아지고 있는데, 이에 따른 수입과 소비 욕구의 간극을 해결해줄 금융상품이 없었다. 대부분이 국영은행인 라오스 은행들은 간단한 여신업무만을 취급하고 있었다. 목돈이 없어도 할부로 자동차나 오토바이를 살 수 있는 할부 금융상품을 제안했지만 모두 부정적이었다. 그래서 난 할부 금융상품도 함께 파는 현지화 은행을 직접 설립해야겠다고 생각했다.

S은행의 제안

내가 은행을 설립한다는 소식을 접하고, 한국의 대형은행에서 은행업을 같이하자는 제안을 해왔다. 코라오가 49%, S은행이 51%의 지분을 갖는 조건으로 함께 은행을 설립해보자는 이야기였다. 은행장이 찾아왔다.

"S은행과 코라오가 함께 은행을 여는 것만으로도 코라오의 신용은 하늘을 찌를 겁니다. 코라오의 사업은 더욱 날개를 달게 될 거고요."

참으로 매력적인 제안이었지만, 그렇게 한다면 그저 한국의 S은행 지점으로만 머무를 공산이 컸다. 내가 원하는 것은 그런 은행이 아니었다. 라오스에 필요한, 라오스 경제를 이끌 맞춤형 은행이었다.

"은행장님. 전 한국 S은행의 해외 지점을 만들고 싶은 게 아닙니다. 라오스에 직원들을 3개월만 파견해서 면밀하게 분석하고, 현재 라오스에 필요한 금융상품이 무엇인지, 자동차 할부 금융까지 분석해주세요. 어떻게 하면 이 나라 1등 은행과 경쟁해 현지화 전략에 성공할 수 있는지 보여주세요.

그러면 지분과 관계없이 함께하겠습니다."

아쉽게도 S은행은 라이선스만 받고 실무는 전문가인 자기들에게 맡기라는 제안만 반복했다. 내 의지는 확고했기에 그들의 제안을 거절했다. 그때 만일 S은행과 함께 은행업을 시작했다면 과연 지금과 같은 현지화 전략을 제대로 이뤄냈을까? 라오스 현지에 맞는 상품과 서비스로 단기간에 민간은행 1위로 도약한 인도차이나뱅크가 탄생할 수 있었을까? 쉽지 않았을 것 같다.

속성으로 나온 은행 설립 허가

나는 독자적으로 은행을 설립하기로 하고 사업허가서를 제출했다. 라오스 정부로부터 사업허가를 받으려면 보통 인내심을 갖고서는 어렵다.

은행 관련 허가 서류를 받으려면 7개 관청을 들락거려야했다. 단계별 부서는 물론이고 모든 관청의 장관 도장까지 받아야 할 정도로 복잡하고 시간도 오래 걸렸다.

보완할 서류도 많은데 중간에 담당 공무원이 자리라도 비운다면 기약 없는 발걸음을 몇 번이나 더 해야 할지 알 수 없었다. 다른 은행의 경우 허가서가 나오는 데만 최소 2년 이상 걸렸다. 난 그 시간 동안 번듯한 은행 건물을 지어 오픈할 계획을 세웠다.

그런데 이례적인 일이 벌어졌다. 예상을 뒤엎고 14일 만에 라이선스가 나왔다. 사회주의 국가에서 외국인 지분이 100%인 민간기업에, 그것도 은행 경험이 전혀 없는 나에게, 단 2주 만에 사업허가서를 내준 것이다. 정말 대단한 일이었다. 그만큼 코라오가 신뢰를 받고 있다는 방증이기도 했지만, 금융업 경험이 없는 나로선 오히려 당황할 수밖에 없었다. 너무 빨리 허가가 나오는 바람에 건물은커녕 아무런 준비도 못 한 채 기한 내 오픈을 해야 할 형편이었다.

완벽하게 준비되지 않으면 차라리 시작하지 않는 것이 낫다는 내 지론대로 밀고 나가기로 했다. 중앙은행을 설득해 은행 오픈 기간을 몇 번이나 연장했다. 또, 한국 기술자들을 80명 이상 동원해 초고속으로 건물을 세웠다. 당시만 해도 라오스에서 H빔을 이용한 철골 건물이 거의 없었기에 총리가 직접 시공 현장에 와서 건설 과정을 지켜보기도 했다. 빠뚜사이와 탓루앙 도로 중간 지점에 우뚝 선 코라오 타워는 8층 건물이 되었다. 고도 제한이 있던 당시 주변에서 가장 높은 건물이자 철골 H빔을 사용한 라오스의 첫 현대식 건물이었다. 그 건물 1층에 마침내 코라오의 '인도차이나뱅크'가 들어섰다.

민간은행 1위에 올라

국영으로 운영되는 라오스 은행은 문턱이 높았다. 쇠창살로 가로막힌 창구와 비좁은 대기실은 고압적인 분위기를 자아 냈고, 고객 서비스는 아예 기대조차 어려운 상황이었다. 심지 어 대출을 받으려면 은행 직원에게 먼저 사례를 해야 할 정도 였다.

이에 반해 코라오의 인도차이나뱅크는 쾌적하고 편안한 공간에, 고객 눈높이에 맞춘 서비스 카운터를 준비했다. 조 금은 도도해 보이는 보라색 색조로 인테리어 톤을 맞추고 중 앙에 그랜드 피아노도 마련해 정기적으로 연주회를 열었다. 그러자 처음에는 신기한 듯 머리만 빼꼼히 디밀고 들여다보 거나, 신발을 벗고 들어오는 고객도 있었다.

2층에 프리미엄 고객을 위한 특급 호텔식 VIP 라운지를 따로 마련하고 당시 라오스에서는 볼 수 없었던 에스컬레이 터도 은행 내부에 2대나 설치했다. 은행 직원들의 인사 자 세부터 목소리 톤까지 매뉴얼을 만들어 수십 번씩 교정하고 미소 짓는 훈련도 했다.

처음에는 다른 은행들처럼 입출금 업무 하나를 처리하는 데도 1시간 이상이 걸렸다. 라오스 문화 특유의 느긋함도 작 용했지만 한국과는 달리 라오스 낍Kip과 태국 바트Baht, 미국 달러USD 세 종류의 화폐를 동시에 처리해야 하는 이유도 있었다. 그러나 난 타 은행과의 차별화된 서비스를 제공할 수 있을 때까지 고객을 맞이하지 말라고 지시했다. 그리고 직접 초시계를 들고 다니며 입출금 시간을 계속 체크했다. 3개월 정도 훈련하자 내가 목표로 한 3분 안에 업무가 원활히 진행되었다. 그제야 은행 문을 열어 정상 영업을 시작했다.

곧 인도차이나뱅크는 업무 처리가 신속 정확하고 서비스도 좋다는 입소문이 났다. 내가 고심해 직접 디자인한 유니폼도 화제가 되었다.

당시 라오스엔 '적금'이라는 것이 없었다. 라오스뿐만이 아니다. 인도차이나반도 문화권에서는 저축을 등한시하고 대부분 사금융을 이용했다.

통상 집에다 현금을 보관하니 은행 이용률이 고작 7%에 그쳤다. 그래서 장롱 속에서 쿨쿨 자는 현금을 은행에 저축하면 안전한 자산관리가 될 뿐 아니라 이자가 붙어 좋고, 그것이 기업의 경제활동을 지원하면서 국가가 발전하고 이것이 국민에게 다시 돌아간다는 것을 홍보하면서 라오스중앙은행과 함께 '저축 장려 운동'을 펼쳤다. 금융업에서 제일 중요한 것이 신뢰인데, 중앙은행과 함께 저축 장려 운동을 한 덕분에 정부와 함께하는 은행이란 공신력도 얻을 수 있었다. 인도차이나뱅크는 설립 4년 만에 자산·수신·여신 부문에서 모두 민간은행 1위로 올라섰다.

은행업은 코라오의 다른 사업에도 도움을 주었다. 은행에서 신차 할부 금융을 도입하자 평소 목돈이 없어 차량 구매를 못 했던 공무원과 직장인들이 몰려들면서 코라오 자동차 점유율이 50%로 올라갔다. 자동차 산업이 금융업을 견인했고, 금융업이 자동차 산업의 저변을 넓혔다. 은행과 자동차 산업이 의좋은 형제처럼 시너지 효과를 내며 사이좋게 동반 성장을 한 것이다.

한상기업 최초
코스피 상장

코라오는 마치 성장 촉진제를 맞은 작물처럼 하루가 다르게 몸집이 불어나고 있었다. 인도차이나뱅크 설립 후 불과 1년 만에 코라오 그룹은 연평균 25% 이상 급성장했다. 10% 미만에 불과하던 신차 판매도 50%까지 급중했다.

때마침 한국거래소와 인연이 닿았다.

한국 증권선물거래소와의 인연

4년째 라오스 정부와 접촉하던 한국의 증권선물거래소KRX(이

후 한국거래소)는 별 성과 없이 돌아갈 참이었다고 한다. 외국에 나가 있으면 모두 애국자가 된다고 했던가. 담당자와 이야기를 나누다 보니 라오스에 한국 기술로 거래소 시스템을 구축하는 것이 내게 사명감으로 다가왔다. 경제적으로도 한국이 라오스에 의미 있는 영향력을 미칠 수 있겠다는 생각이 들었다.

마침 라오스 정부도 경제 발전을 위해 증권거래소가 필요하다는 것을 절감하고 있었던 터라, 베트남의 증권거래 시스템을 도입하려던 참이었다. 그런데 베트남 거래소는 한국의 증권거래 시스템으로 구축한 것이었다. 라오스 정부는 이를 알지 못하는 듯했다.

나는 라오스 총리실에 편지를 보냈다.

"존경하는 총리님, 당신은 자식과 함께하시겠습니까? 아니면 그 자식을 낳은 부모와 함께하시겠습니까?"

그러면서 베트남의 증권거래 시스템 기술은 한국에서 도입한 것이라 적었다. 이에 라오스 정부는 깜짝 놀라며 한국쪽으로 방향을 틀었다. 나의 주선으로 한 달 만에 두 나라의 계약이 이루어졌다.

이런 인연으로 한국거래소 사람들이 자주 드나들다 우리

회사에 더욱 관심을 가지게 된 모양이다. 당시 일부 중국 기업 외엔 외국 기업 상장 유치가 전무했던 한국거래소는 내게 상장 제의를 해왔다. 저개발 국가 라오스의 기업도 한국 증시에 상장할 수 있다는 것을 보여주면 750만 명 재외동포가 자긍심과 자부심을 가질 뿐 아니라, 코라오를 시작으로 또다른 한상기업이 연속적으로 상장을 하게 되면서 한국거래소가 자연스럽게 글로벌화의 물꼬를 틀 수 있지 않겠냐는 것이었다. 그래서 한상*의 대표기업으로서 코라오가 한국거래소에 상장했으면 좋겠다고 권유했다.

한상들에게 동기부여가 된다는 말에 귀가 솔깃했다. 한상을 만들 때부터 같이 참여했던 사람으로서 그 애정이 유독 깊었기에 동포애가 발동한 것이다.

한상, 그들은 누구?

동남아시아 여러 국가에서 사업을 하면서 부러웠던 것은 중국 화상의 네트워크였다. 싱가포르, 말레이시아, 태국, 인도

● 중국계 상인을 지칭하는 '화상'에서 착안해 해외 한인 상인을 '한상'으로 지칭한다. 2002년 세계한상대회가 창설된 뒤 국내 기업과 동포 기업의 경제교류 활성화를 위한 한상넷 청년 인턴십, 기업상담회 등 상시 비즈니스 행사를 운용하고 있다.

네시아, 필리핀 등 동남아 상권의 거의 모든 분야에서 화상이 독점하고 있었다. 그들은 각자 영리를 추구하면서도 때로는 협업과 동업 관계로 강력한 연대를 형성하며 서로를 돕고 끌어주었다.

2024년 기준 180개국에 약 750만 명의 한인이 거주하고 있지만, 외국에선 한국 사람을 더 조심해야 한다는 말이 나돌 정도로 한국인끼리 서로 더 경계하고 모함하는 일이 잦았다. 구심점이 없기 때문이었다.

그런 와중에 한국에서 해외 한국 기업인들의 네트워크를 조직한다는 소식을 듣고, 중국의 화상이나 이스라엘의 유대 상인처럼 한상이 한민족의 자산이 되었으면 좋겠다는 마음에 적극 도움을 건넸다. (이 인연으로 제15차 대회 때는 최연소 한상대회장으로 대회를 이끌기도 했다.)

한상기업이 한국 증시에 상장하면 내국인과 해외 투자자들이 한국 증시를 통해 해외 각국에 흩어져 있는 한상기업에 투자하기 쉬워진다. 모국의 투자를 받은 한상기업은 사업을 더 활성화시켜 더 많은 한국 사람을 채용하고, 한국 제품을 더 많이 팔아 사업영역을 넓혀갈 것이다. 그만큼 전 세계에 미치는 한국의 영향력도 커져갈 게 분명했다. 이런 생각에 마음을 굳혔다.

사실 처음에는 아시아의 금융 허브 역할을 하는 홍콩이나 싱가포르 거래소에 상장하는 것을 염두에 두고 있었다. 특

히 싱가포르 거래소에서 가장 좋은 조건을 제시해 그쪽으로
마음이 기울던 참이었다. 그런데 '한상'이란 말에 그만 마음
이 흔들려 한국거래소 쪽으로 방향을 정하고 자동차와 오토
바이 부문을 상장하기로 했다.

한상 1호 코스피 상장

코라오가 아시아 톱10 기업으로 진입하려면 미리 철두철미
하게 준비를 해둬야 했다. 탈피의 시기를 놓쳐 자기 껍질 안에
서 생을 마치는 갑각류가 되고 싶지는 않았다. 우선 모국에서
당당하게 기업가치를 평가받자, 한상기업 1호로서 이왕이면
코스닥이 아닌 코스피로 상장하자고 생각했다.

그러나 코스피 상장에는 엄격한 기준이 있었다. 해결해야
할 문제와 고비가 많았다. 회계는 별문제 없었지만, 다른 계열
사 간에 결부된 문제들을 풀어야 했고, 또 라오스 기업의 한국
거래소 직접 상장이 제한되어 있는 것도 해결해야 했다.*

● 한국거래소로부터 국가간 제한 사항을 해결하고 심사를 용이하게 진행하기 위해서 한국거래소와 수
차례 상장 경험이 있는 케이만군도에 지주회사를 설립해서 상장 절차를 진행해달라는 요청을 받았다. 한
국거래소의 심사 편의성을 위해서 그들의 조언대로 따랐으나 지금까지 일부 사람들에게는 케이만군도로
주소지가 되어 있는 것만으로도 오해를 받는 것이 아쉽기만 하다. 현재까지 주소지를 싱가포르나 라오스
등으로 옮기기 위한 노력 중이나 아직은 거래소의 승인을 득하지 못하고 있다.

2010년 11월 30일, 여의도 한국거래소에서 코라오홀딩스(현 LVMC홀딩스) 상장 기념식이 열렸다. 해외 동포 기업 가운데 최초로 코라오가 모국 한국의 코스피 시장에 진입하는 순간이었다.

우연인지 필연인지 모르겠지만, 27세의 내가 이민 가방 세 개만 챙겨 들고 베트남 호찌민에 도착했던 날이 1990년 11월 30일이었다. 성공과 실패, 실패와 성공, 그 사이를 돌아서 20여 년 만에 수십 개 계열사 중 한 회사를 한국 증시에 상장하게 된 것이다.

상장 주관사인 IBK투자증권에 따르면 코라오홀딩스 공모주 청약 결과 234만 7,000주(112억) 모집에 총 9억 2,797주(4조 4,000억)가 청약돼 최종 경쟁률 395대 1을 기록했다고 한다.

장전에 벌써 붉은 숫자가 숨 고를 틈도 주지 않고 튀어 오르더니 공모가 4,800원보다 52% 높은 7,300원에 시초가가 형성되었다. 종가는 6,210원으로 공모가보다 여전히 29.3% 높은 것이다. 첫날에만 전체 유통 가능 주식 1,173만 주를 웃도는 1,360만 주의 폭발적인 거래량을 기록해 시장의 뜨거운 관심을 보여주었다. 이날 거래대금은 전체 시가총액의 37%에 달했다.

opportunity & beyond

베트남 땅에 발을 내디딘 뒤 20여 년 동안 겪었던 수많은 위기와 번민들이 주마등처럼 스쳐갔다. 그동안의 성공도, 실패도 오늘을 위해 누군가가 준비해둔 드라마가 아닐까라는 생각이 들 정도였다. 나는 속으로 외쳤다.

"잘했다! 대단하다! 더 대단하자, 오세영!"

'잘했다'는 건 젊은 시절 편안한 삶을 뒤로한 채 막 개방된 베트남에 첫발을 내딛고, 아무도 찾지 않는 나라 라오스에서 실패를 딛고 사업 재기를 한 것을 두고 한 말이다. '대단하다'는 건 한국 차가 10대밖에 없던 라오스의 도로를 한국 차로 절반 넘게 채우고 한국 증시에 상장한 것을 의미했다. '더 대단하자'는 건 오늘을 계기로 세계에 우뚝 서는 그런 기업을 만들자는 자신에게 하는 다짐이었다.

거래소에서 영구 보관용 상장 메시지를 남겨달라는 요청을 받았다. 난 'opportunity & beyond'라는 문구를 한 자 한 자 힘 있게 적어 내려갔다. 현재에 머물지 않고 저 너머를 보겠다는 뜻을 담았다. 지평선 끝에서 구름에 가린 해가 막 얼굴을 내미는 기분이었다.

GDP를
경영하라

라오스에서 처음 사업을 시작했을 때 라오스의 1인당 GDP(국내총생산)는 300달러 수준이었다. 현재는 약 3,000달러로 거의 10배 가까이 올랐다. 코라오 그룹의 성장은 더 폭발적이다. 330만 원으로 시작한 기업의 현재 총자산은 3조 5,000억 원 수준에 달한다. 어떻게 이런 고도성장이 가능했을까? 라오스의 성장세에 맞춰 사업을 키운 것이 주효했다. 국가의 성장과 함께 필요한 제품, 해당하는 서비스와 시스템을 한국에서 가져와 현지화시킨 'GDP 경영'이 성공 비결이었다.

GDP 성장에 따라 열리는 시장

삼성이나 현대도 한국의 경제 발전과 함께하며 오늘날 대기업으로 성장하지 않았던가. GDP 성장에 따라 열리는 시장이 있고 도태되는 시장이 있기 마련이다. 저개발 국가에서는 먼저 중고 자동차 시장이 열린 후, 신차 점유율이 25% 이상 되면 그때부터 급격하게 신차가 활성화된다. 라오스도 초창기엔 중고차 시장이 80% 이상을 점유했다.

코라오는 GDP가 300달러 수준일 때 중고 자동차조립으로 시작해 오토바이, 전자, 물류, 건설, 은행, 언론사 등 GDP 성장세에 맞춰 필요한 사업들을 확대해 나갔다.

흔히 자동차는 2,500달러가 모터라이제이션motorization이라고들 한다. 1인당 GDP가 2,500달러에서 3,000달러 정도가 되면 자동차 구매가 늘며 연관 산업도 함께 활성화된다. 코라오는 2009년 라오스의 1인당 GDP가 2,000달러에 근접하자 금융업에 도전했다. 할부 금융 상품을 출시해 직장인과 중산층 고객을 신차 시장으로 유입했으며 신차 시장의 저변을 넓혔다.

중고 자동차 판매로 시작해 타이어 같은 소모품과 부품들을 같이 팔았고, 이어 자동차 할부 금융 등 금융상품으로 신차의 판매를 견인했으며, 이와 관련해 전국 판매망과 전국 150곳의 A/S 센터 등으로 거미줄보다 더 촘촘하게 고객을 사로잡았다. 지금은 주요 거점 도시에 '코라오케어'를 설립해 신차부터 중고차, 오토바이, 부품, A/S, 자동차 금융 등차에 관한 모든 서비스를 한 번에 제공하고 있다. 일단 시장을 선도하고 나면 연관 유관사업으로 영역을 확장해서 시너지를 내는 것이 코라오의 '누수 없는 밸류체인 전략'이다.

2012년 KBS 〈글로벌 성공시대〉에서 우리 회사 성공담을 방영한 적이 있다. 그때 라오스 상공부 장관이 우리 회사에 대해 다음과 같은 말을 했다.

"미스터 오의 사업은 라오스 경제 성장과 함께 발전하고 있다. 투자는 라오스 시장의 필요와 항상 잘 맞아떨어졌다."

-남 비야켓(라오스 상공부 장관)

늘 준비하라

2012년 11월에 라오스에서 아시아·유럽정상회의ASEM가 열릴 때였다. 초창기, 베트남에서 시대 흐름을 간과해 사업에 실패했던 난 늘 주변의 환경 변화를 주시하고 앞서 준비를 해왔다.

예상대로 라오스 정부도 아셈 개최에 앞서 대기환경 개선을 위한다는 명목으로 중고차 수입을 전면 금지했다. 당시 중고차 사업이 코라오 그룹 전체 매출의 60%를 차지하고 있었기에 그야말로 날벼락 같은 일이었다. 하지만 코라오는 이미 신차 판매의 비중을 늘려가고 있었고 자동차 자체 생산도 준비하고 있었다. 이참에 코라오 브랜드로 픽업트럭을 만들 계획까지 세웠다.

SUV와 트럭을 합쳐놓은 픽업트럭은 일반 가정부터 소상공, 농가에 이르기까지 폭넓은 소비자층이 가장 다양하게 활용하고 있었다. 견고한 외부 구조에 넉넉한 적재 공간. 또, 안정된 승차감으로 가족 이동 수단이나 구급차로도 개조해 활용될 정도였다. 차량 판매량의 50% 이상을 점유하고 있을 만큼 선호도가 높았지만 가격이 4만~5만 달러로 좀 비싼 게 흠이었다. 이를 약 2만 달러로 낮출 수만 있다면 도전해볼 만한 시장이었다.

멜팅 팟 전략

나는 '대한민국'의 두 글자를 따서 '대한모터스'로 회사 이름을 정하고 전문가 10여 명을 뽑아 시장조사단을 구성했다.

한국에서 약 6개월간 설문조사도 하고 전문가의 조언도 듣고 마산과 울산의 자동차 생산공장도 직접 견학하도록 했다. 중국을 거쳐 인근 동남아시아 지역도 돌아본 시장조사단은 100장이 넘는 분량의 보고서를 제출했다. 그들이 내린 결론은 한마디로 '자체 브랜드의 자동차를 만드는 것은 불가능하다!'는 것이었다.

한 직원이 울산에서 자동차 관련 부품을 50년 생산했다는 어느 회장님의 얘기를 전했다. "오세영 회장의 기사를 신문에서 봤는데 자동차는 다르다. 자동차 한 모델을 만들어 손익분기점BEP을 넘으려면 10만 대는 팔아야 하는데 동남아 시장 상황으로는 힘들다. 덧붙여 자동차 한 대를 개발하기 위해서는 최소한 2,000억 원 이상 있어야 한다"는 이야기였다.

일반적인 생산 방식으로 본다면 그분의 말씀이 백번 맞았다. 그런데 내가 아는 자동차의 생산 방식은 관점이 달랐다. 또한 시대도 내 생각을 지지하듯, 자동차 생산 시스템이 획기적으로 변하고 있었다. 분업과 융합을 통해 중국에서는 벌써 상상도 할 수 없는 저가로 디자인을 포함 차량 개발까지 해주고 있었다. 찰스 다윈은 가장 우수한 종이 살아남는 것이 아니라 환경 변화에 가장 잘 적응한 종이 살아남는다고 하지 않았던가. 게다가 난 자체 오토바이를 개발해 라오스 시장에서 혼다를 제쳐본 경험도 있었다. 세계 최고의 성능을 가진 픽업트럭은 아니더라도 적어도 라오스 사람들이 무슨 기능을 필요로 하는지, 무엇을 원하는지는 잘 알고 있었다. 동남아에 가장 최적화된 픽업트럭은 만들 자신이 있었다. 난 호기롭게 말했다.

"지금부터 우리가 새로운 역사를 쓰자."

내 도전이 무모하다고 판단했던지 픽업트럭 개발 부서 직원 10명 중 8명이 사표를 냈다. 나는 남은 2명의 직원과 함께 자동차를 만들기 시작했다.

한국, 중국, 태국 등 각 국가의 경쟁력 있는 부품을 수입해 자동차를 조립했다. 엔진과 미션 등 차량 성능에 영향을 미치는 주요 파워트레인은 한국에서 공급받았고 캐빈, 바디, 외장 부품과 소모품은 중국, 태국 등 인근 국가에서 조달해 가격 경쟁력을 갖추었다. 2,000억 원의 10분의 1도 안 되는 개발비로 그 모든 것을 해냈다. 이후 1년 이상 안전성 테스트를 거듭했다. 이때 탄생한 모델들이 바로 현재 인도차이나반도를 달리고 있는 대한자동차이다.

멜팅 팟 melting pot이란 우리말로 용광로를 말한다. 용광로는 여러 광물질을 한데 집어넣어 녹이는 용기로, 그 속에 들어가면 아무리 딱딱한 쇠붙이도 녹아 어우러진다. 모든 재료가 모여 어우러진다는 의미에서 경제학에서는 여러 나라 것을 융합해서 하나로 만든다는 뜻으로 사용한다.

난 자동차 산업에도 멜팅 팟 전략이 가능하다고 생각했다. 나아가 멜팅 팟 전략을 더욱 효과적으로 적용할 수 있는 산업이라 생각했다. 국가 간 경쟁력 있는 부품들을 모아 고객이 원하는 필요한 성능을 넣고 고객이 좋아할 형태로 디자인해 최종 생산해내는 것이다. 중요한 것은 고객의 마음을 제대로 읽는 것이라고 생각했다.

스티브 잡스는 창조를 일컬어 '이미 존재하는 것들을 연결하는 힘'이라고 했다. 경제학자 슘페터는 '기존의 것을 결합해서 새로운 가치를 만들어내는 것'이 혁신이라고 했다. 이미 존재하는 것을 어떻게 연결하느냐가 곧 창조고 창의며 혁신인 것이다.

당시 라오스의 픽업트럭 시장은 일본 도요타가 약 80%를 점유하고 있었다. 그런데 코라오 트럭은 출시하자마자 라오스 현지에서 없어서 못 팔 정도로 반응이 뜨거웠다. 그리고 현재 1톤 픽업트럭은 90%의 점유율을 기록하고 있다. 멋진 뒤집기였다.

코라오 트럭에 붙인 '대한DAEHAN'이라는 이름은 애국심과 조국에 대한 감사함이 투영된 이름이라고 할 수도 있다.

베트남에서는 중고차 수입 금지로 맥없이 고꾸라졌지만 라오스에서는 자동차 생산을 미리 준비하고 있었기에 오히려 이 위기의 순간에 진정한 자동차 회사로 거듭날 수 있었다. 덕분에 농업 국가인 라오스가 세계 자동차 생산국 반열에 올라서게 되었다.

한국산이라는 평판에 조금이라도 누가 되지 않도록 더 치열하게 노력했고 결과적으로 라오스에서 '한국산'은 품질이 좋은 제품으로 각인되었다. 더불어 코라오의 브랜드 파워는 '한국'이라는 국가 브랜드 가치까지 끌어올렸다. 코라오가 만드는 제품은 한국산 제품만큼 품질이 좋다는 믿음을 주고 있다.

인도차이나반도로 시장을 넓히다

인도차이나반도 사람들은 종종 '10년 격차론'을 이야기한다. 중국 경제가 베트남 경제보다 10년, 베트남 경제가 캄보디아 경제보다 10년, 캄보디아 경제가 라오스 경제보다 10년 앞서고 있다는 이론이다.

나는 라오스에서의 성공 경험을 토대로 나라별 경제 수준에 맞춰 시장을 확장하고 있다. 신시장 개척의 첨병은 언제나 자동차다. 이를 통해 시장에서 브랜드 인지도와 신뢰감을 확보한 후 자동차 사업을 중심으로 이와 연관된 사업들(오토바이, 은행, 에너지, 유통, 건설) 등을 하나씩 단계적으로 확장하며 '밸류체인'을 만든다. 이런 식으로 라오스에 교두보를 마련한 다음 인접 국가로 점차 사업을 넓혔다.

같은 인도차이나반도 국가라도 그 나라의 특색에 따라 전략을 달리했다. 미얀마에서는 생산공장과 함께 신차 브랜드로 먼저 진입했다. 양곤에 아시아 태평양 지역 최대 규모의 자동차 쇼룸을 열어 첫발을 내디뎠다. 그 쇼룸은 현재 양곤의 랜드마크가 되었다. 캄보디아에서도 최대 규모의 자동차 생산공장 설립과 함께 신차와 중고차를 동시에 판매했고, 한국 KB금융그룹과 'KB대한은행'도 설립했다. 베트남에서는 대한 모터스가 진출해 베트남 전역에 50개가 넘는 딜러망을 보유, 현재 소형트럭 분야 2등을 달리고 있다. 예전에 실패를 맛봤던 베트남에서 결국 성공을 기록하고 있다.

어느덧 코라오는 라오스, 베트남, 미얀마, 캄보디아 4개 국가 모두에 자동차 공장을 보유하고 있는 전 세계 유일한 그룹이 되었다. 인도차이나반도 전역에 성공적으로 안착하며 코라오홀딩스는 2018년 LVMC홀딩스로 사명을 변경했다. 라오스, 베트남, 미얀마, 캄보디아의 알파벳 첫 글자를 따서 지은 이름이다. 인도차이나반도 1등 기업이 되겠다는 꿈을 담은 이름이기도 하다.

난 세상에 없던 제품을 만들어 판 것이 아니다. 그 나라 경제발전과 GDP에 발맞춰 현지인에게 필요한 상품을 들고 그 시장의 길목에 서 있었던 것뿐이다. 이것이 곧 내가 이야기하는 'GDP 경영'의 본질이다.

'천재형 인간'과 '노력형 인간'

내가 보기에 세상엔 천재형 인간과 노력형 인간, 두 가지 타입의 사람이 있다. 천재형 인간은 스티브 잡스나 빌 게이츠처럼 세상에 없던 것을 창조해 그것을 사용하게 만든다. 이와 달리 노력형 인간은 세상에 없는 것을 만들어낼 수는 없다. 아마도 나 같은 사람을 노력형 인간이라 할 수 있을 것이다. 이들이 성공하는 방법은 이미 만들어져 있는 상품을 꾸준히 관찰하고 공부해 그것을 상황에 맞게 재해석, 재창조하는 것이다.

세상에 없는 것을 만들어 시장을 선도하는 천재형 CEO는 어디서든 성공할 수 있지만, 노력형 CEO는 성장하는 국가를 한두 곳 선택해 그 나라에 맞는 상품을 재창조하고 시장 길목을 지켜야 한다. 그것이 노력형 인간이 성공하는 지름길이다.

O2O
행복 플랫폼

요즘 만나는 사람마다 내게 무슨 좋은 일 있느냐고, 왜 그렇게 즐거워 보이냐고 묻는다. 얼마 전만 해도 세상 다 산 것 같이 심드렁하더니 왜 그렇게 에너지가 넘치냐는 것이다.

내가 생각해도 그런 것 같다. 신사업을 시작하면서부터인 듯하다. 코라오 사업을 집대성한 내 인생 최대의 역작이 될 사업인데 어찌 가슴이 뛰지 않을 수 있을까.

행복의 알고리즘

코로나 팬데믹은 누구에게나 고통의 시간이었다. 국경이 막히고 수입이 금지되고, 희망도 격리되며 거리가 유령도시처럼 변해가는데도 1등 기업이라는 말이 무색하게 코라오가 할 수 있는 일이 별로 없었다. 그런 상황을 목도하며 생각의 변화가 생겼다. 30여 년 동안 자동차, 은행, 금융, 골프장, 리조트, 건설 등 굵직굵직한 사업을 해왔지만 앞으로는 '국민 삶 속에 들어가는 사업' '국민 전체와 소통할 수 있는 사업'을 해야겠다는 생각을 했다. 그래서 신사업 모토를 '국민의 삶을 향상하자' '행복을 높이자'로 정하고 온라인과 오프라인을 결합한 통합 플랫폼을 만드는 일에 착수했다.

모든 사업의 최종 목표는 사람의 행복이다. 불편을 해소하고 행복을 나누면 이익은 자연히 따라온다. O2O°가 연결되면 코라오 그룹의 수익도 창출되겠지만 이는 부수적인 결과일 뿐이다. 그동안 라오스 국민에게 충분히 사랑받지 않았던가. 그래서 코라오의 신사업은 국민의 행복 수위를 높이는 일에 더 비중을 두고 있다. 볼거리도 즐길 거리도 없는 이 나라 사람들이 우리의 통합 플랫폼에서 소통하고 즐기는

● 온라인online과 오프라인offline의 연결.

모습을 생각하니 신바람이 절로 난다. 이 나라 사람들이 얼마나 행복해질지 알기에 가슴이 더욱 벅차오른다.

나는 금융과 소매업을 패키지화해 전국에 유통망을 구축하고, 기존 모빌리티 산업 역량을 기반으로 딜리버리 서비스를 추가해 이전과는 전혀 다른 플랫폼사업을 펼칠 계획을 세웠다. 먼저 전국의 물류를 통합하고 딜리버리 서비스를 위한 오프라인 거점을 만들었다. 우선 딸랏라오Talad Lao라는 농수산물 도매 시장을 역대급 규모로 개장했다. 라오스는 남한의 2.4배, 한반도의 1.1배에 이르는 땅을 갖고 있다. 하지만 인구 대부분이 농수산업에 종사하고 있는 것에 비해 생산물의 양이 극히 적다. 대개 자급자족 규모의 산업만을 이루고 있기 때문이다. 안정적인 판로가 없는 탓이 크다. 판로가 확보되면 농가에 실질적인 소득이 커질 것이 분명했다.

그리고 이들의 수확물을 유통할 수 있도록 콕콕 메가마트와 콕콕 마트(편의점형)를 합쳐 2025년까지 약 2,000개 매장을 오픈할 계획이다. (이 글을 쓰는 지금 벌써 100호점이 넘었다.) '콕콕 KOK KOK'은 노크하는 소리를 가리키는 라오스 말이다. 한국어로 치면 '똑똑'과 같다. 사람과 사람의 마음의 문을 열어 행복을 전파하겠다는 의도로 붙인 이름이다.

코라오는 먼저 비엔티안에 약 4,300평 규모의 콕콕 메가마트를 열었다. 매장 공간의 40%는 딸랏라오 도매시장의 현지 특산물로 채웠고, 나머지 60%는 다른 마트에서 볼 수 없는 다양한 상품들로 채웠다. 세계적으로 인기 있는 한국의 '불닭볶음면'을 비롯해 프랑스 유기농 제품까지 전 세계 제품을 만나볼 수 있다. 한국 김치는 늘 인기 품목이지만, 특히 찹쌀을 주식으로 먹는 라오스인들은 완도의 김을 좋아한다. 바다가 없는 라오스인을 위해 완도군과 계약을 맺고 전복 절편과 해조국수, 전복 차우더, 모둠 해초, 김, 미역 등 총 47개 품목을 수입하고 있다.

현지화한 현대식 동네 마트

콕콕 메가마트보다 작은 규모의 콕콕 마트는 그 동네에서 수십 년 살아온 토박이들이 자신의 마을에 가게를 열고, 우리가 공급해주는 제품으로 우리 로고와 시스템을 같이 사용하면서 이익을 공유할 수 있도록 프랜차이즈식으로 운영하고 있다. 직영점을 내면 더 많은 이윤을 취할 수야 있겠지만, 콕콕 마트의 궁극적 목표는 지역 사람들과 이익을 공유하는 것이다. 현금이 없어도 된다. 마트가 입점할 공간만 있으면 그것이 임대든 소유든, 나머지는 인도차이나뱅크에서 융자를 알선해준다.

현지화한 현대식 동네 슈퍼 콕콕 마트는 콕콕 플랫폼의 온오프라인 통합 기지국 역할을 수행한다. 우리가 개발한 콕콕 온라인에서 온라인 쇼핑을 하면 전국에 깔린 2,000개 콕콕 마트 중 가장 거리가 가까운 마트에서 무료로 상품을 배달해준다. 콕콕 마트가 유통 창고 역할을 해주는 셈이다.

인도차이나뱅크도 마트와 엮어서 운영할 계획이다.* 전국 콕콕 마트에 ATM기를 설치하고 간단한 오프라인 업무도 할 수 있도록 준비하고 있다. 은행 업무를 보기 위해 굳이 시내로 나갈 필요가 없다. 이 나라에 있는 그 어느 은행도 전국 2,000개 콕콕 마트의 강력한 체인망을 따라올 수 없을 것이다.

라오 스마트 모빌리티

여기서 멈추지 않고 우리는 라오 스마트 모빌리티Lao Smart Mobility를 준비하고 있다. 모빌리티는 코라오의 전문 영역이기도 하다. LVMC홀딩스는 '3륜 EV 툭툭Tuk Tuk'을 출시하며 라이드 헤일링의 택시 호출부터 화물 운송 의뢰까지 가능한 모빌리티 슈퍼앱인 '콕콕 무브Kok Kok Move'를 개발했다. 라

• 온라인 금융 서비스인 콕콕 페이는 인도차이나 뱅크와 함께 디지털 비대면 은행서비스 및 QR 코드로 전국 어디서든 편리하게 결제할 수 있어 국민에게 큰 호응을 얻고 있다

오스판 카카오 택시라고 할까. 동남아시아에서 널리 쓰이는 그랩Grab이나 고젝Gojek과 유사한 서비스를 제공한다. 콕콕 무브는 출시하자마자 폭발적으로 가입자 수가 늘어나고 있다. 어플리케이션으로 툭툭을 호출하면 차량번호와 운전자 정보 그리고 거리와 금액이 뜬다. 여러 국가의 언어를 지원하는 것, 그리고 택시에 비해 가격이 파격적으로 저렴한 것, 그러면서도 운전자가 내려 직접 문을 열어줄 정도로 서비스에 진심이란 점이 특별하다. 차량은 일반 툭툭과 비슷하게 생겼지만 주황색으로 세련되게 했고, 무엇보다 전기로 운행하는 환경 친화적 운송수단이다. 가격 또한 저렴해 경쟁력이 있다. 어떤 고객은 '평소 2,000원 정도(3만~4만 낍) 나오는 거리를 300원에 갈 수 있는 것도 감사한데 문을 열어주는 서비스까지 받다 보니 미안할 지경'이라고 말한다. 어떤 고객은 아무리 오래 기다려도 환경을 생각해서 콕콕 무브만 탄다고 이야기한다. 콕콕 무브는 해외 진출도 앞두고 있다. 공항에서 내려 콕콕 무브에 접속하면 나라별 합자 파트너 앱으로 연결되는 서비스를 제공할 예정이다.

콕콕 무브는 비엔티안에서 먼저 서비스를 시작해 사바나켓, 루앙프라방, 팍세, 방비엥 지역으로 순차 확대되고 있다. 태국의 우돈타니, 콘캔, 푸껫 지역에서도 약 500대의 콕콕 무브 차량이 운행을 시작한다.

익스프레스 서비스도 준비를 마쳤다. 스마트폰으로 신청만 하면 라오스뿐 아니라, 태국, 캄보디아, 미얀마, 베트남 심지어 중국까지 나라별 합자한 파트너가 가장 저렴하고 빠르고 안전한 방법으로 배송해준다. 이처럼 새로 추진하고 있는 코라오의 유통 사업의 특징은 온라인과 오프라인을 동기화해서 서비스한다는 것이다.

코라오 바시

라오스는 정情이 많은 나라다. 좋은 일이 있으면 함께 축하하고 어려운 일이 있으면 함께 걱정한다. 이런 정신은 '바시Baci 의식'에 잘 나타나 있다. 바시 의식은 실을 매개로 서로의 마음을 연결하는 행사다. 먼 여행길을 떠날 때도, 아픈 사람의 건강을 기원할 때도, 아기가 태어났을 때도, 차를 새로 뽑았을 때도 바시 의식을 한다. 결혼식 같은 축제에도 반드시 바시 의식이 행해진다.

바시 의식에서는 꽃과 과일 등을 장식한 피라미드 모양의 파쿠안 Phakhouan에 여러 가닥의 실이 길게 늘어져 있는 것을 볼 수 있다. 사람들은 빙 둘러앉아 실을 한가락씩 잡는다. 마치 하나의 유기체가 된 것만 같다. 승려나 집안의 어른이 축문을 읽고 기도를 한다. 이후 실을 잘라 덕담과 함께 주인공의 손목에 감아준다. 따뜻한 마음이 네트워킹되는 순간이다. 이어 서로의 손목에 실 가닥을 감아주며 모두의 안녕과 행복을 빌어준다. 행사가 끝날 때쯤이면 수십 가닥의 실이 사람들의 손목에 감겨 있다.

코라오가 펼치고 있는 마트 사업도 이 바시 의식과 비슷하단 생각을 했다. 영세농민과 마트가 연결되고, 마트와 마을 주민이 연결되고, 이들이 코라오의 플랫폼에 연결되며 이윤과 행복을 공유한다. 연결될수록 행복하고, 나눌수록 이윤이 커지며, 만날수록 행복의 배수倍數가 높아진다. 코라오는 이처럼 O2O를 연결해 행복 생태계를 만들어가고 있다.

코라오가 만든
오아시스

알람 소리를 들으며 라오Lao 씨(가상 인물)가 코라오 가구점에서 산 침대 위에서 눈을 뜬다. 콕콕 챗을 열자 밤새 여러 통의 문자가 와 있다. 대화창에 답장을 남긴 후 코라오에서 발행하는 경제신문을 클릭한다. 그리고 이메일을 확인한다. 오늘은 굳이 사무실에 출근하지 않아도 될 듯하다. TV를 켜니 화면에 '콕콕 홈쇼핑'이 나온다. 주말 파티를 위한 물건들을 콕콕 마트에 주문하고 토요일에 배달이 되도록 지정해둔다. 창문 너머 뭉게구름 사이로 콕콕 메가몰이 보인다.

사실 라오 씨가 살고 있는 이 스마트 도시도 코라오 그룹이 조성한 신도시다. 오늘은 콕콕 메가몰에서 일하기로 결정한다. 어제 딸랏라오에서 배달한 신선한 야채로 디톡스 주스를 만들어 마신 뒤, 콕콕 무브에 접속한다. 10분도 안 돼 3륜 툭툭 전기차가 집 앞에 도착한다. 라오 씨는 환경도 지키고 경제적 실리도 추구하는 스스로가 뿌듯하다. 툭툭 전기차가 목적지에 도착하면, 콕콕 페이로 택시비가 지불된다.

  몇 년 뒤의 라오스 모습을 잠깐 상상해보았다. 이처럼 콕콕 메가몰은 단순히 물건을 사고파는 쇼핑몰이 아니다. 새로운 문물을 접할 수 있는 곳이다. 사실 라오스인들은 비행기를 타본 적이 거의 없으며, 기차는 중국의 일대일로 사업*으로 최근에 겨우 접했고, 바다는 구경조차 못 해본 사람이 허다하다. 그런 라오스인에게 콕콕 메가몰은 세계 모든 음식을 맛보고, 새로운 문화와 볼거리로 가득하고 최신 제품을 통해 글로벌 트렌드도 읽을 수 있는 곳이다.

  뿐만 아니라 휴식과 힐링을 제공하며 매력적인 체험도 할 수 있는 곳이다. 밥을 먹고 쇼핑을 하고 사우나를 하는 등 품격 있게 의식주도 해결하면서 쾌적하고 여유롭게 프라이빗한 공간에서 나만의 생활을 창조할 수 있다. 오래오래 머물

● 　중국의 일대일로 사업의 기본개념은, 육상과 해상 루트를 통해 아시아, 아프리카, 중앙아시아 국가, 유럽까지 진출하겠다는 것이다. 그중 라오스에는 지난 2016년 12월 59억 9,000만 달러를 들여 라오스와 철도 사업을 추진했다. 이 철도는 중국 쿤밍 지역에서 루앙프라방 등을 거쳐 라오스의 비엔티안까지 이어지는 총연장 422.4킬로미터로 구성됐다.

고 싶은 곳. 그야말로 '도심 속의 오아시스'라고 할 수 있다.

제2의 집

메가몰의 슬로건은 '제2의 집'이다. '집 다음은 콕콕 메가몰! 모든 생활을 여기서, 집에서는 잠만 자라. 아침에 눈을 뜨면 일어나자마자 저절로 발길이 향하는 곳.'

지금 비엔티안에서는 콕콕 메가몰 1호점이 하루가 다르게 빠른 속도로 세워지고 있다. 이를 보는 한국 교민들은 한국의 스타필드가 연상된다고 이야기한다. 앞으로 대도시마다 메가몰이 들어설 예정이다. 이 책을 읽고 라오스에 오는 독자는 빠뚜사이와 돈찬에 오픈한 콕콕 메가몰 1, 2호점을 볼 수 있을지도 모르겠다(2025년 5월 1호점, 2026년 말 2호점 오픈 예정).

콕콕 메가몰 1층은 전 세계의 먹거리를 한곳에서 맛볼 수 있는 푸드존으로 꾸밀 예정이다. 한국의 떡볶이 같은 길거리 음식부터 베트남, 태국, 일본, 유럽 등 전 세계의 다양하고 이색적인 음식으로 가득 채울 것이다. 상상을 뛰어넘는 다양한 식재료에 소스들. 어디에서도 맛보지 못한 음식들로 가득 채워질 것이다.

2층에는 마트 체인과 고급 식당이 들어올 계획이며, 3층은 패션과 뷰티, 4층은 면세점과 미용 테라피 문화를 소개하는 건강존으로 꾸밀 계획이다. 5층은 어린아이들의 교육장이 되고, 6층 옥상은 큰 놀이기구들이 들어설 것이다.

마케팅의 대가 필립 코틀러는 "모든 공간은 여가 시간을 두고 경쟁한다"고 했다. 윈스턴 처칠은 "사람은 공간을 만들지만, 그 공간은 사람을 만든다"고 했다. 들어서기만 해도 기분이 좋아지는 곳, 스스로의 품격이 높아지는 곳, 삶의 질이 향상되는 곳 콕콕 메가몰은 라오스 사람들의 행복을 위해 존재하는 공간이 될 것이다.

내 꿈은 여기서 그치지 않는다. 콕콕 메가몰을 중심으로 일대에 라오스에서 가장 살기 좋은 신도시를 건설할 계획이다. 인도차이나반도의 어느 국가보다 현대적이고 안락한 주거 공간을 조성하려고 한다.

라오스는 국민소득이 이제 막 3,000달러에 도달한 개발 중인 나라지만, 얼마 지나지 않아 이웃 베트남에도 없고, 아직 한국에서도 보지 못한 수준 높은 서비스를 경험할 수 있을 것이다. 이것이 나와 코라오가 라오스 사람들에게 보여주고 싶은 새로운 세상이다. 나와 코라오에게 손을 내밀어준 고마운 라오스 국민에게 꼭 선물하고 싶은 행복 인프라다.

온라인과 오프라인 결합의 완성체

코라오 그룹이 진행하고 있는 신사업은 이처럼 전통시장, 미니마트, 대형마트 복합 쇼핑몰 등 오프라인 사업과 온라인 플랫폼을 연결한다. 메타버스 같은 가상 세계가 아니라 온오프라인이 연동되는 실제 세상이다. 지금 내가 발을 딛고 있는 현실 세계가 더욱 안전하고 편리해진다. 코라오의 O2O는 '현실 세계의 24시간'을 더욱 행복하게 만드는 사업인 것이다.

내가 꿈을 꾼다고 생각하시는가? 꿈이 아니다. 라오스 인구의 85%가 스마트폰을 사용하고 있기 때문에 가능하다. 다른 기업이 새로 O2O 사업을 시작한다면 수조 원의 돈과 수십 년의 시간이 필요하겠지만 코라오는 30여 년간 자동차, 건설, 레저, 금융에 이르기까지, 수많은 사업영역에서 인프라를 닦아놓았다. 사업가가 수익을 신경 쓰지 않는다면 거짓말이겠지만, O2O 사업에서는 이윤보다 국민의 삶의 질을 높이는 것을 더 우선시할 것이다. 어떤 이는 이런 나를 몽상가라 놀릴지도 모르겠다. 무모하다고 할지도 모른다. 하지만 이런 무모함이 이 모든 것을 가능케 하지 않을까.

생각만 해도 가슴이 뛴다. 앞으로 어떤 세상이 펼쳐질지, 우리가 연결하는 이 네트워크로 인해 사람들이 얼마나 행복해질지 알기에 너무도 가슴이 벅차다.

소설가 정이현은 "인생에 남아 있는 모든 휴가를 라오스에서 보내도 좋겠다"고 표현했다. 그 정도로 라오스에는 무언가 특별한 것이 있다. 2008년 '가장 가보고 싶은 나라' 1위, 2012년 '죽기 전에 반드시 가봐야 할 여행지'로 〈뉴욕타임스〉에서 선정될 만큼 라오스는 매력 있는 나라다. 하지만 인프라 부족으로 방문객이 불편함을 호소하고 있는 것도 사실이다.

코라오 그룹의 콕콕 플랫폼과 인프라가 완성되면 라오스에는 더욱 많은 이들이 찾게 될 것이다. 효율적이고 편안한 도시가 구축되면 전 세계에서 많은 이들이 라오스 이민을 희망할 것이다. 외국인 투자도 많이 몰릴 것이다. 또 우리 플랫폼 속에서 무수한 판매 루트가 만들어지고 수많은 스타트업 창업자가 생겨나지 않겠는가. 그러면 라오스 국가는 다시 한번 경제 발전을 할 수 있을 것이다.

서로 연결될수록 잘 사는 세상.

연결할수록 함께 행복해지는 세상.

지금 코라오가 하는 사업이 그런 세상을 만들고 있다.

산은 오르는 사람에게만 정복된다.
— 《탈무드》

PART 2

결국은 현지화다

이머징마켓 성공원칙,
코라오 웨이

2009년 10월 26일, 한국무역협회가 주관한 '제2회 기업가정신 주간 개회식 및 국제컨퍼런스'에서 강의를 하게 되었다. 그 유명한 《넛지》*의 저자 리처드 탈러와 《브레이크스루 컴퍼니》의 저자이자 맥팔랜드전략파트너스 대표인 키스 맥팔랜드와 함께 강연하는 자리였다. 가슴이 떨렸다. 컨퍼런스 메인 시간에 나를 배치해 내가 그들보다 더 중요한 강연자로 소개되어 있었다. CEO급 참석자가 300명, 전체 참석자가 800여 명 되는 대규모 세미나였다.

● 2017 노벨 경제학상을 수상한 시카고 대학교 행동경제학자 리처드 탈러와 법률가 캐스 선스타인의 공동저서.

머리가 아득해졌다. '무슨 얘길 하지?' 참석자들은 대기업 회장님들, 규모가 큰 단체의 CEO들이었다. 나보다 경험도 많고 회사 규모도 큰 참석자들이 소중한 시간을 내준 것에 대해 의미 있고 유용한 메시지로 보답하고 싶었다.

그동안 인도차이나반도에서 20여 년간 사업을 해오며 중요한 의사 결정 시마다 세운 원칙들을 메모장에 남겨놓았고 현지인들과 동고동락하며 느낀 것들을 수시로 적어 쪽지 형태로 모아두었는데, 이것들을 모두 다 펼쳐서 다시 한번 정리해보았다. 베트남부터 라오스까지 사업을 경영하며 지켜온 나의 철학이 약 10가지 정도로 정리되었다.

'그래, 이거야! 한국 사람들이 경험하지 못한 이머징마켓의 20년 내 삶을 보여주자! 남이 가지 않은 길, 길이 없는 곳을 먼저 찾아 나섰던 나의 이야기.'

컨퍼런스가 열리는 회의장에 도착해 라오스 전통 옷을 입고 단상에 올랐다. 800여 명의 청중이 반짝이는 눈으로 나를 빨아들일 듯 쳐다보았다. 맨 앞쪽 객석에는 평소에 존경하던 CEO들도 여럿 보였다. 약간의 떨림이 있었지만 기분 좋은 긴장감으로 느껴졌다.

심호흡을 한 후 코라오의 사업을 소개하는 간략한 영상을 틀었다. 이어 준비한 '코라오 10계명KOLAO WAY'을 소개했다. 강연을 한다는 느낌보다, 지난 20년간 내가 개척자로 살아온 이야기들을 대화식으로 설명하다 보니 많은 청중이 실화를 기반한 흥미진진한 영화를 보는 것처럼 내 이야기에 빠지고 있다는 느낌이 들었다.

'이머징마켓에서 사업을 일군 20년의 내 삶이 직접 경험하지 않은 저 훌륭한 CEO들에게도 한편의 멋진 드라마가 될 수 있구나.'

그 이후로 10년이 넘었고 지금까지 몇 번 10계명을 바꿔보려 했지만 바꿀 수가 없었다. 평범한 내용일지 몰라도 그 안에는 숱한 해외 사업의 경험과 사업가로서의 실패와 좌절 성공, 뼈저린 깨달음과 노하우가 담겨 있어서일 것이다.

이는 지금까지 내가 살아온 방식이었다. 성공을 위해 미리 닦여 있는 '하이웨이'는 없다. 오로지 내가 닦은 길만 있다.

〈코라오 10계명〉

1. 모든 사람이 하고 있는 일을 찾아내어 그것과 다르게 하라.
   Identify how everyone else is doing and do it differently.

2. 시대 흐름을 읽고 국가 발전과 함께하라.
   Understand global trends and develop together with the national development.

3. 준법 경영을 반드시 실천하고, 정부 관련 이권사업에 개입하지 마라.
   Always adhere to the law-abiding management and never get involved with government-related profitable business.

4. 장기적 관점에서 사업을 영위하고 브랜드 관리로 기업가치를 높여라.
   Conduct business with a long-term perspective and enhance corporate value with brand management.

5. 고객 만족에 저해되는 일과는 절대 타협하지 마라.
   Never compromise with customer satisfaction.

6. 자신 없으면 하지 말고 일단 시작하면 1등 하라.
   Never initiate without confidence and be the best once initiated.

7. 현지 중소 상인에게 피해 주는 사업은 삼가라.

Refrain from businesses which may cause damages to small and medium-sized local merchants.

8. 미래를 공유함으로써 평범한 사람들이 비범한 일을 하게 하라.

Make the ordinary people perform extraordinary tasks by sharing the future with them.

9. 이익의 사회 환원을 무조건 실천하라.

Always return profits to society.

10. 지속 가능한 경쟁력 확보를 위해 철저히 현지화하라.

Thoroughly localize for sustainable competitiveness.

1
모든 사람이 하고 있는 일을
찾아내어 그것과 다르게 하라

어느 나라에 가야 빨리 성공할 수 있을까?

해외 진출을 고려할 때 누구나 국가 경쟁력, 소득 수준, 시장 환경, 외국인 투자법 등 많은 경우의 수를 먼저 분석하며 자신과 맞을지, 그 나라에서 어떤 사업을 해야 성공할 수 있을까 고민한다.

지구촌 어디에도 지금까지 없었던 완전히 새로운 아이디어로 사업을 시작하는 기업은 생각보다 많지 않다. 신생 기업의 71%는 이미 세상에 존재하고 있는 제품이나 서비스와 관련된 사업을 한다. 미국의 경제 전문잡지 〈잉크Inc〉가 빠르게 성장하는 500대 기업을 조사했는데, 단지 12%만이 독창적인 아이디어 덕분에 성공했다고 대답했고, 나머지 88%는 평범한 아이디어를 묵묵히 실행에 옮겼기 때문이라고 답했다고 한다.*

무엇보다 중요한 것은 '재해석'과 '재창조'이다. 완전히 새롭고 혁신적인 아이템보다는 이미 대중으로부터 인정받은 성공적인 아이템을, 내가 진출하는 나라에 맞게 재창조해 시작하는 것이 중요하다. 선진국에서 성공한 사업 아이템은 이미 소비자에게 가장 큰 효용과 만족으로 검증을 마쳤다. 단지 신흥국에서 아직 대중화되지 않았을 뿐이다. 문화와 풍습이 달라도 사람들이 필요로 하는 것은 대개 비슷하다.

우선 내가 잘할 수 있는 것을 찾아내 진출하고 싶은 나라에서 남들과는 다르게 적용해보는 것이 중요하다. 그것이 실패 확률을 줄이고 성공 가능성을 높이는 가장 현명한 방법이다. 나도 베트남, 라오스, 캄보디아, 미얀마 등 인도차이나반도 전역으로 사업을 확장하면서 이 같은 원칙을 적용하고 있다.

금융업 경험이 전혀 없었지만 나는 인도차이나뱅크를 설립하면서 라오스의 어느 은행도 시도하지 않은 'VIP고객 원스톱 서비스'를 단행하였다. 한국, 싱가포르 등 선진국에서는 활성화되어 있었지만, 당시 라오스 은행에선 원스톱 서비

● 《브레이크스루 컴퍼니》 키스 맥팔랜드, 김영사.

스라는 개념 자체가 없었다. 은행에서 업무를 본다는 것은 반나절 이상 집에 돌아오지 못한다는 의미였다. 그런데 VIP 고객들이 공항 퍼스트 라운지 이상의 쾌적하고 우아한 공간에서 다과를 즐기며 전담 직원으로부터 원스톱 서비스를 받자, 폭발적인 반응을 보였다. 고객들은 인도차이나뱅크의 VIP라는 자부심을 갖게 되었다. 현재 다른 은행들도 우리의 서비스를 모방하고 있지만, 여전히 큰 격차를 좁히지 못하고 있다.

라오컨트리클럽 골프장을 건설할 때였다. 모든 기술적 사항과 디자인은 빠르게 결정했지만, '과연 이 더운 나라에서 골프카를 도입해도 좋을지'가 마지막까지 고민이었다. 결국 한국의 골프장 건설 베테랑인 S그룹 CEO 출신의 선배에게 조언을 구했다.

"선배님, 과연 골프장에 카트가 있는 것이 좋을까요?"

선배는 웃으면서 "삼성의 이병철 회장님도 안양 골프장을 건설할 때 마지막까지 고민했던 것이 카트 도입을 하느냐 마느냐였는데, 오 회장도 그 부분에서 막혔네요. 다른 것들은 내가 다 조언해줄 수 있어도 그것은 오너의 철학이기에 스스로 해결하십시오"라고 했다.

나는 고민 끝에 카트 도입을 하지 않기로 했다.

카트가 없는 골프장은 전례가 없었기에 라오스 임원들조차 강하게 반대했지만, 나는 끝까지 카트를 운행하지 않는 것을 고수했다.

여러 나라에서 라오스로 골프여행을 온다. 한국 관광객들도 참 많다. 그 수요를 감당하기 위해 라오스의 여러 골프장들은 경쟁적으로 손님을 받으며, 손님맞이를 하나의 과제처럼 치르고 있다. 반면, 카트를 운행하지 않는 우리 골프장은 아름답게 조성된 조경과 프라이버시가 보장되는 레이아웃으로 동반자와 여유롭게 화목을 다질 수 있다. 덕분에 로열티 높은 고객들로 넘쳐나며 가장 기억에 남는 골프장, 다시 오고 싶은 코라오 골프장으로 업계 1등을 달리고 있다.

최근 라이드헤일링 사업을 시작할 때도 마찬가지였다. 동남아시아 여러 나라에서는 그랩이나 고젝과 같은 서비스를 제공할 때 승용차나 오토바이를 주요 운행 수단으로 사용하지만 코라오의 콕콕 무브는 친환경 전기차 3륜 툭툭이를 선택했다.

라오스 국민들은 닫힌 공간보다 열린 공간에서 사람들과 대화하는 것을 좋아하고, 관광객들도 라오스라는 자연이 숨쉬는 나라에서 전기 툭툭이를 더 선호할 것으로 생각했다. 그룹 ESG 전략의 일환으로 이를 우리 콕콕 무브의 주요 모델로 고수하였고, 무엇보다 저렴한 이용 요금으로 대중교통이 부족한 라오스에서 중산층 이하 사람들의 발이 되고 그들의 삶을 조금이라도 더 행복하게 해주고 싶었다

물론 이 모든 사업들이 내가 창의적으로 처음부터 만들어낸 것은 아니다. 이미 많은 사람들이 하고 있는 것을 찾아내 현지에 맞게, 그리고 남들과 다르게 차별화했을 뿐인데 현재 시장에서 압도적인 1등을 하고 있다.

기존에 이미 하고 있는 사업이라도, 내가 만족시켜야 할 사람들의 관점에서 재해석하고 재창조하는 것. 이것이 바로 코라오의 첫 번째 성공 원칙이다.

2
시대 흐름을 읽고
국가 발전과 함께하라

운칠기삼運七技三이란 말이 있듯 성공한 사람들의 인터뷰를 보면 대부분 "운이 좋았다!"라고 한다. 나도 간혹 그런 말을 하곤 한다.

사업의 성공이 운이라고 느껴질 때를 난 두 가지로 정의한다. 첫째, 작은 성공은 개인의 노력과 열정으로 만들어낸 제품과 서비스가 대중의 사랑을 받는 경우이고 둘째, 큰 성공은 시장 환경, 시대 발전과 흐름에 따라 이루어지는 성장이다.

내가 참여하고 있는 사회가 성장하면 엄청나게 파이가 커진다. 이럴 때 사업은 순풍에 돛을 단 것처럼 훨훨 전진한다. 인도차이나반도 국가들은 연 평균 7% 이상 경제 성장을 이루고 있는 이머징마켓이다. 국가가 계속 시장 규모를 키워 새로운 사업 기회를 주니 얼마나 고마운 일인가! 국가 발전과 함께하는 이머징마켓의 사업가들은 오늘도 겸손하게 "운이 좋다"고 이야기한다.

사업을 하면서 시대의 흐름이 어떻게 바뀌는지를 관찰하는 것은 너무나 중요하다. 나 혼자 열심히 한다고 해도 시대의 흐름을 외면하면 거대한 조류를 막을 길이 없다.

앞서 내가 베트남에서 중고왕으로 활약하며 돈을 쓸어 담았지만, 베트남이 아세안에 가입하면서 한순간에 나락으로 떨어진 이야기를 했다. 시대가 변하고 정책이 바뀐 것을 간과해서 겪은 실패였다. 이 쓰라린 실패가 약이 되어 이후에는 국가의 경제 정책이 어디로 가는지 늘 주시했고 그에 앞서 준비했다.

라오스도 베트남처럼 아세안과 WTO(세계무역기구)에 가입하며 중고차 수입을 금지했지만, 이때는 인도차이나뱅크에서 할부 금융 상품을 만들어 신차 시장을 넓혔고, 아예 '대한'이란 브랜드로 트럭을 자체 생산해서 캄보디아, 베트남, 미얀마까지 진출해 있다. 라오스의 변화가 오히려 우리에겐 전환점이 되었다.

시대의 흐름을 읽고 버릴 것과 취할 것, 새롭게 선택할 것을 과감하게 결단하는 안목이 무엇보다 필요하다. 지금의 내 성공이 언제나 유지될 거라는 자만, 어제의 경쟁력이 내일도 이어질 거라는 착각은 위험하다. 경영자가 변화의 흐름을 인지하지 못한다면 하루아침에 모든 것을 잃고 말 것이다.

3
준법 경영을 반드시 실천하고,
정부 관련 이권사업에 개입하지 마라

기업가가 준법 경영을 해야 하는 것은 너무도 당연하다. 하지만 외국계 기업에게 준법 경영은 단순히 기업가 정신이나 도덕성의 문제가 아니라 생존의 문제이다.

아무리 우호적인 나라에서 터를 잡았다 해도 우리는 외국인 투자자일 뿐이다. 입장 바꿔 자금력과 실력이 월등한 외국 기업이 우리나라에 와서 돈을 긁고 있는데 준법 경영을 하지 않는다면, 우리도 어떻게 해서든 그 기업을 끌어내릴 궁리를 하지 않을까? 작은 꼬투리라도 잡아 당장 고발하거나 법적 문제를 만들 것이다.

외국 기업이 커질수록 자국민의 시선은 엄해진다. 때로는

'우리 산업을 빼앗고 우리 시장을 침략한다'고 생각한다. 그런데 외국 기업이 현지에 막대한 자금을 투자하고 비교할 수 없을 정도의 우수한 제품을 판매한다면, 그러면서도 철저히 법을 준수하며 투명 경영을 한다면, 사회 환원도 자발적으로 앞장서고 도덕적으로도 존경받는다면 이것이야말로 넘어트릴 수 없는 무서운 경쟁력이 되는 것이다. 준법 경영이야말로 타협할 수 없는 진정한 성공 철칙이다.

앞서 이야기했듯, 코라오는 라오스에서 경쟁사들의 수많은 질시와 모함을 겪었다. 나를 끌어내리려는 이들의 탄원서와 고발이 끊임없이 이어졌고 2년 동안 세무조사를 30여 차례 이상 받았다. 오히려 철저히 준법 경영을 한 것이 전화위복이 되었다. 코라오는 모범적인 해외 기업으로 알려지며 정부로부터 더 많은 지원을 받게 되었다. 철저한 준법 경영은 생존으로 직결되는 필연적인 행동 지침이다.

정부와 관련된 이권 사업에 개입하지 말라는 것도 같은 맥락이다. 신흥국의 법 제도는 선진국에 비해 느슨하여 틈새를 노리는 유혹에 빠지기 쉽다. 정부에 로비를 잘해 이익을 취하는 것. 참으로 달콤한 유혹이 아닐 수 없지만 이런 이권 사업은 반드시 대가를 요구한다. 여기에 매혹되어 정상적인 기업 활동을 뒷전에 두고 큰돈을 따라 움직이다 보면 결국 망하게 된다. 행여 정권이 바뀌거나 상황이 반전되면 하루

아침에 퇴출당할 수도 있다. 로비보다 시장에서 정당한 승부를 택하라! 차근차근 소비자들과 소통하고 국민에게 인정받으며 단계적으로 성장해갈 때 지속 가능한 경영이 이루어진다.

일확천금 제안을 피해야 하는 이유

카지노 운영을 하자는 제안을 받은 적이 있다. 카지노 사업은 정부의 허가를 받기 어렵지만, 합법적으로 영업할 수 있다면 여느 사업보다 많은 이익을 낼 수 있다. 그래서 카지노 사업권을 따내려는 이들이 많다. 당연히 심사가 까다롭다. 내게 제안한 사람의 목적은 코라오의 이름값을 빌리려는 것이었다. 냉정히 보자면, 정부의 정식 허가를 받는 것이니 위험한 이권 사업은 아니라고 할 수 있다. 하지만 도박으로 사람들의 실패를 통해 이익을 보는 사업은 좋은 사업이 아니라고 생각하기에 나는 그 제안을 거절했다.

인간의 생명은 유한하지만, 지속 가능한 경영을 한다면 기업의 생명은 무한할 수도 있다. 내가 죽더라도 우리 회사는 영원했으면 한다. 그것이 내 이상이자 꿈이다. 이권 사업을 통해 막대한 이익을 취하는 회사도 있을지 모르겠다. 그러나 그 방법은 적어도 코라오의 방법은 아니다. 코라오의 정체성은 국가가 발전하는 사업에 동참해서 그 나라 발전에 기여하고, 국민과 행복을 공유하며 나와 내 가족의 삶을 이어가는 것이다. '코라오에 다니는 것에 자부심을 느끼고 자기 자식에게까지 직장을 물려주고 싶은' 직원들로 똘똘 뭉쳐 있다면 그 회사는 오래갈 수밖에 없을 것이다. 이권 사업에 기웃거리는 순간 그 기업의 정체성은 무너진다. 그러면 그 기업은 지속 가능한 기업이 될 수 없다. 나보다도 직원들의 마음이 먼저 돌아선다.

4
장기적 관점에서 사업을 영위하고
브랜드 관리로 기업가치를 높여라

장거리 마라톤과 100미터 달리기의 호흡법이 다르듯 '장기적 관점에서 사업을 영위'하기 위해선 '멀리, 길게' 보는 것이 필요하다. 서둘러 열매를 따기보다 땅을 일구고 거름을 주어 땅을 비옥하게 만든 후 결실을 거두는 장기적 안목이 필요하다.

이머징마켓이나 저개발 국가들은 국민소득도, 소비지수도 낮다. 그런데 사실 이런 나라의 성장 가능성이나 잠재력이 더 크다. 파이를 키우고 시장을 확대해 가는 시간이 필요하지만 서두를 필요가 없으니 오히려 실수가 적고 경쟁자가 쉽게 들어오지 않으니 사업 성공 확률도 높다.

꾸준히 사업을 펼쳐 국민에게 사랑받고 국가 발전에도 기여하는 것, 그러면서 매일매일 자산을 늘리며 성장의 보람을 느끼는 것. 이는 장기적인 관점에서 사업할 때만이 느끼는 보람이고 그 어떤 것과도 견줄 수 없는 성취의 열매이다.

한국 정부의 고위 관계자가 라오스에 방문한 적이 있다. 그들과 라오스 정부의 총리가 나누는 대화에 코라오 얘기가 나와 나도 모르게 귀를 기울였다. 라오스 총리는 "코라오는 투자해서 생긴 이익을 모두 재투자해 계속 고용을 창출하고 있다"며 "국민이 필요로 하는 사업을 계속적으로 펼치는 코라오는 더 이상 해외 기업이 아니라 이 나라 국민기업"이라고 말하고 있었다. 물론 맞는 말이긴 하지만, 라오스의 총리가 그 사실을 알고 있다는 것은 그날 나도 처음 알았다. 장기적 관점에서 사업을 한다는 것은 그 나라에서 걷은 이익의 지속적인 재투자를 의미한다.

신흥국일수록 입소문(바이럴 마케팅)의 영향이 크다. 선진국에서는 광고나 홍보로 브랜드 이미지가 좌우되지만, 신흥국은 사람과의 관계가 브랜드 이미지에 더 큰 영향을 미친다. 그래서 이머징마켓에서는 '333 전략'이 효과적이다. 우리가 한 사람의 고객을 만족시키면 그 사람은 3명의 고객을 끌어오고, 그 3명이 각각 또 다른 3명을 소개한다. 처음의 1명이 3명이 되고, 3명이 9명이 되고, 9명이 27명이 되고, 27명이 또 각각 3명, 3명, 3명을 소개하면서 계속 늘어간다. 장기적으로 3의 배수가 쌓이고 쌓여 고객의 신뢰도가 복리로 무섭게 늘어난다. 이 신뢰의 망이 거미줄처럼 확산되며 그만큼 강한 브랜드 경쟁력을 갖게 된다.

코라오는 중고차를 판매하며 얻은 신뢰로 신차와 할부 금융으로까지 사업을 확장할 수 있었다. 나아가 금융업에서 건설, 레저, 그리고 최근의 유통까지 지속해서 성장해올 수 있었다. 이 모든 것이 첫 사업에서 얻은 신뢰로 가능한 일이었다.

333 전략은 실천하기 쉽지만, 반대로 치명적인 위험도 있다. 한 명의 부정적 고객이 생겼을 때, 그 사람은 무한대의 부정적 고객을 만들어낸다. 이는 신뢰의 법칙보다 더 강력하다. 사람이 갖고 있는 부정편향 때문이다. 나쁜 말은 좋은 말보다 더 기억에 남고 비난은 칭찬이 주는 기쁨보다 훨씬 타격이 크다. 만족은 3, 4명에게 전달되지만 불만족은 기하급수적으로 전파된다. 어렵게 쌓아놓은 333 전략의 신뢰가 한순간에 무너질 수 있음을 기억해야 할 것이다.

5
고객 만족에 저해되는 일과는
절대 타협하지 마라

모든 사업의 성공은 고객 만족에서 비롯된다. 기업의 사이즈는 곧 고객 만족도의 크기라고 할 수 있다. 중고 자동차판매의 모든 수익을 A/S 공장에 투자한 일, 중고 자동차임에도 무상수리제도를 도입한 일, A/S 기간을 획기적으로 단축한 일, 나아가 지방까지 긴급출동 A/S를 시행하고 서비스센터 대기실도 쾌적하게 설계한 일은 고객 만족을 우선으로둔 예시다.

라오스에 한국 자동차가 몇 대 되지 않던 시절, 고객들은 부품이나 A/S에 대해 큰 불안감을 느꼈다. 자동차 부품이 2만개가 넘는데, 아무리 준비를 해도 부족한 부분이 있기 마련이다. 코라오에서는 해당 부품이 없으면 쇼룸에 전시된 차량에서라도 뽑아 먼저 수리해주었다.

이런 노력을 통해 고객의 불안감이 감동과 만족으로 바뀌면서 라오스 자동차 시장의 50% 이상을 코라오가 점유할 수 있었다. 회사의 규모가 커지면서 고객 만족 부서를 따로 두고 고객을 응대하는 것은 누구나 할 수 있다. 하지만 코라오는 사업 초창기 자본이 매우 부족했을 때에도 고객 만족을 우선으로 생각했다.

진정한 고객 만족은 제품에 대한 만족을 넘어 기업에 대한 사랑과 존경에서 나온다. 난 라오스의 '청년연맹'에 20여 년간 기부하고 있다. 15세에서 35세 사이의 청년들이 가입한 이 단체는 라오스 인구 700만 명 중 약 150만 명이 가입하고 있을 정도로 규모가 크다. 전국적으로 활동하며, 교육과 체육은 물론 마약 퇴치 운동 등 사회적 문제 해결과 청년들의 올바른 성장을 돕고 있다.

1년에 100만 달러 이상을 꾸준히 지원하다 보니 초창기 지원받은 청년들이 어느새 성인이 되어 우리 회사의 직원이 되거나 충성고객이 되었고, 정부 관공서의 공무원이 되기도 했다. 여러 분야에서 훌륭한 성인으로 성장했다. 기대한 건 아니지만 그 조그만 후원이 이제 엄청난 가치로 성장해 코라오로 되돌아오고 있다. 기업 오너들은 당장 효과가 보이지 않는 곳에 돈을 쓰길 주저할 때가 있다. 고객 편의시설, 사업과 상관없어 보이는 기부, 공익사업 등이 그렇다. 그러나 이런 곳에 아낌없이 투자할 때 고객 만족이 돌아온다.

이런 고객 만족이 매일, 매달, 매년 쌓여 코라오는 국민기업이란 타이틀을 얻었다. 반복된 고객 만족은 존경심으로 발전한다. 그때 비로소 진정한 현지화가 이루어지고, 현지화가 이뤄졌을 때 그 기업은 지속해서 성장한다.

국민기업으로 사랑받는 법

규모나 매출이 크면 국민기업이라고 할 수 있을까? 한 젊은 친구
가 돈방석에 앉았다고 해서, M&A로 회사를 확장해 순식간에 몇천
억 원을 벌었다고 해서 그 회사를 국민기업이라 부르지는 않는다.
국민기업은 오랜 시간 차곡차곡 쌓아온 신뢰와 명성을 통해 탄생
한다.

국민기업이란 국민 전체를 아우르는 기업이 아니다. 주변 지인들
이 자꾸 칭찬하고 신뢰하는 회사, 가장 가까운 곳에서 가장 큰 만족
을 주는 회사, 아는 사람들이 일하고 싶어 하는 기업, 가장 가까이
있는 국민으로부터 사랑받는 것이 곧 국민기업으로 가는 길이다.
나와 거래하거나, 나와 관계되는 사람들에게 사랑받는 회사로, 그
사랑과 관심이 지속해서 쌓이다 보면 그 영향력이 점점 확대되며,
확대된 만큼 국민기업이 된다.

어느 순간 '내가 여기 필요한 존재구나!'라고 느낄 때, '내가 여기 있
는 게 이 나라에 도움이 돼'라고 생각할 때, 국민기업으로 거듭날
수 있다. 식당을 하든, 봉제공장을 하든, 컴퓨터 학교를 하든, 아니
면 직장생활을 하든, 내가 잘할 수 있는 걸로 단 몇 사람에게라도
사랑을 받자. 내 선한 영향력이 닿는 사람들에게서부터 사랑받자!
그것을 지속하면 국민기업이 된다.

6
자신 없으면 하지 말고
시작하면 1등 하라

1등 하는 것도 습관이다. 1등 해본 사람이 계속 1등을 한다. 처음 사업을 할 때 돈도 능력도 없는데 어떻게 1등을 하느냐고 되물을 수 있다. 돈이 없으면 규모가 작아도 거기에서 1등을 하면 된다. 큰 사업에서 경쟁하지 말고 작은 사업에서부터 1등 습관을 키워나가는 것이 중요하다. 1등 한 것에 대한 경험과 자신감은 10년, 20년 뒤에 엄청난 차이를 만든다.

10억 명 시장에서 10등을 하는 것과 5,000만 명 시장에서 1등을 하는 것 가운데 고르라면 아마도 대부분 10억 명 시장을 선택할 것이다. 순위보다 규모를 쉽게 택한다. 그러나 나는 1등을 선택하라고 권하고 싶다. 한 번 1등을 경험하면 새로운 사업을 할 때도 1등을 할 가능성이 커진다. 그 방법과 성취감을 알기 때문이다. 반복적으로 생각하고 집중을 하면 뇌에 그 경로의 신경 패턴과 회로가 만들어진다고 한다. 즉 반복적으로 생각하고 집중하는 것이 그 사람을 만든다는 것이다.

언젠가 타이거 우즈의 점수를 모아놓은 자료를 본 적이 있다. 한국의 최경주 프로는 한국에선 1등이었지만, 미국에서는 전체 랭킹 50위권 밖이었다. 그런데 스코어 평균은 고작 2점이었다. 한순간에 잃어버릴 수 있는 점수였다. 그런데 어떻게 타이거 우즈는 매번 1등을 하고, 비슷비슷한 점수를 가진 나머지 선수들은 왜 늘 1등을 못 하는 것일까? 1등은 습관이기 때문이다.

한때 바둑왕 이세돌이 '난 질 자신이 없다'고 말한 것이 이런 의미였을 것이다. 정상에 올라 본 사람이 다시 정상을 오르듯, 한 번 오르기가 힘들지 두세 번째는 훨씬 오르기가 수월하듯, 한 번 1등을 하면 그다음 1등은 훨씬 쉬워진다.

돈이 많고 적음을 떠나 해외에서 사업을 시작할 때에는 자신이 1등 할 수 있는 아이템을 사업 품목으로 선정하는 것이 유리하다. 단기간에 1등을 하라는 얘기가 아니다. 당장은 힘들고 작아 보이지만 시작부터 1등을 할 수 있도록 자신의 강점을 찾고 1등을 계속 유지하는 법을 습득해라. 그러면 그다음 1등은 처음보다 훨씬 쉬워진다.

7
현지 중소 상인에게
피해 주는 사업을 삼가라

한국 구미에 있는 A전자가 부도를 겪으며 수만 대의 컴퓨터가 중고 시장에 싸게 쏟아져 나왔다. 우리가 그것을 사서 라오스에 보급해볼 생각이었다. 마침 라오스에 컴퓨터가 확산되는 시점이기도 했다.

교육부에 납품할 컴퓨터 입찰이 있던 날, 많은 라오스 청년이 현장에 와 있었다. 당시 해외에서 공부하고 들어온 젊은 친구들이 컴퓨터 가게를 많이 열고 있었다. 코라오가 참여한다며 수군거리는 소리가 여기저기서 들렸다. 청년들의 얼굴에 낙담하는 표정이 역력했다. 규모나 가격에서 상대가 안 되는 것은 당연했다.

그 모습을 보며 나는 입찰에 참여하지 않기로 결정했다. '차라리 라오스의 컴퓨터 시장이 커지면 내가 컴퓨터 생산제 조공장을 만들어 이 젊은 친구들이 대리점을 할 수 있도록 하자.' 지금 몇천 대, 몇만 대 판매해 젊은이들의 사업을 접게 만드는 것은 올바른 선택이 아니라고 생각했기 때문이다. 그것은 산업 자체를 축소시키는 일이었다.

파이를 키우고 함께 성장해야 한다. 산업의 싹을 잘라버린다는 것 자체가 소탐대실이다. 바다에 가서 고기를 잡을 때도 작은 고기는 대부분 놓아준다. 당장 피라미를 먹는 재미에 맛 들여봤자 얻는 이익은 적고 나중에 내 그물의 고기마저 잃게 된다.

파이를 키우고 시장을 키워 국민을 더 잘 살게 해주고 국가를 더 발전하게 만들면 미래에 시장은 더 커져 더 많은 수익을 창출할 수 있다. 그것이 시장의 공존공영 원리이다.

작은 기업이 성장할 수 있도록 도와주는 것 또한 사회에 환원하는 것 이상의 큰 기업가 정신이다. 기업은 젊은 친구들을 도와 시장을 키우고 산업을 육성하고 또한 일자리를 창출해 국민의 소득을 높이고, 기술개발과 세금, 사회 환원 등으로 국가의 발전에 동참한다. 건전한 기업 활동이 선순환될 때 국민은 더욱 잘 살고 국가는 발전할 수 있다. 또한 이런 건전한 기업 활동을 할 때만 국민기업으로 떳떳하고 존경받을 수 있다.

최근 유통 사업을 하며 전국적으로 콕콕 편의점을 확산해 가고 있는데, 기존의 동네 가게를 하는 분들에게 피해가 안 가도록 꼭 먼저 참여 의사를 물어보고 동참할 방안을 마련해 준다. 현지 농민부터 점주, 소비자까지 모두 윈-윈Win-Win할 수 있는 구조를 만들고 있다. 어느 정도 사업 규모를 키우면, 현지 중소 상인들에게 피해를 주는 사업은 삼가는 전략적 선택과 방침이 회사를 레벨업시키는 중요한 요인이 된다.

장사꾼과 사업가

내가 라오스 중고차 사업을 시작했을 즈음이었다. 중고차가 돈벌이가 된다는 소문이 돌며 한국에서 꽤 자산이 많은 사람이 와서 중고차 무역을 했다. 자금도 부족하고 나이도 어린 나는 그분들에 비해 열악한 상황에 있었다. 하지만 아침 6시부터 출근해 직접 차도 닦고 사람도 만나고, 직원도 한두 명 뽑아 같이 고민도 하며 조금씩 회사의 틀을 갖춰갔다. 보고 절차도 만들고 고객 관리 매뉴얼도 만들었다. 차 한 대가 팔리면 함께 자축하며 식사도 했다.

이런 나를 보고 한국 사람들이 하던 말이 있다. "영업사원 몇 명 뽑아서 차 한 대를 팔 때마다 100달러를 준다고 서로 경쟁시키면 눈에 불을 켜고 달려들 텐데 왜 그렇게 직접 관리하며 고생합니까? 매일 골프 치고 마사지 받고 다니는 내가 당신보다 차를 더 많이 팔잖아요. 너무 돈 욕심내지 마세요."

내가 돈을 아끼려 그렇게 열심히 일하는 줄 알았던 모양이다. 그때 나보다 더 차를 많이 팔던 그분들은 잠시 성공한 듯했지만 오래가지 못했다. 코라오는 한두 명으로 시작해 지금은 1만여 명의 직원을 두고 있다. 금융과 유통업까지 사업 영역도 확대했다. 여기에 '장사'와 '사업'의 차이점이 있다.

장사는 '이익을 목적으로 물건을 사고파는 일'이고 사업은 '어떤 일을 일정한 목적과 계획을 가지고 지속적으로 경영'하는 일이다. 장사와 사업의 가장 큰 차이는 '지속 경영'에 있다.

장사에는 개인의 만족과 역량이 중요하지만, 사업에는 조직과 시스템, 의사결정과 성장에 대한 비전과 철학이 필요하다. 그래서 꾸준한 재투자도 이루어진다.

그런 의미에서 해외에선 장사보다 사업을 해야 한다. 국내와 달리 해외에서는 현지화와 협업이 성공에 필수적이기 때문이다.

8
미래를 공유함으로써 평범한
사람들이 비범한 일을 하게 하라

라오스는 인재가 부족한 나라다. 구직난이 아니라 구인난이다. 인구도 적고 경력 있는 일꾼이 많지 않다. 라오스 현지에는 한국 직원이 꽤 많이 상주하고는 있지만, 고객과 소통하고 접촉하며 현장에서 만족감을 주는 행위는 현지인이 한다. 이들의 수준이 곧 회사의 수준이고, 이들의 마음이 결국 고객에게 가닿는다.

그래서 코라오를 시작하면서 내건 슬로건이 '렛츠 고 투게더Let's go together'였다. 다른 외국계 회사도 그렇겠지만 라오스 직원들도 처음에는 한 푼이라도 더 받는 것에 더 큰 비중을 두었다. 난 그들에게 신뢰를 주고 함께 미래를 공유하는 것이 가장 우선해야 할 일이라고 생각했다.

업무 능력은 시스템을 구축해 어느 정도 해결할 수 있지만 사람의 마음이란 시스템으로 되지 않기 때문이다. 렛츠고 투게더! 나와 함께하면 최소한 중산층 이상의 생활을 영위하도록 하겠다고, 회사가 발전하면 나 혼자 독식하지 않겠다고 약속했다. 사실 우리는 1년 365일 중 휴일 빼고 그 많은 날을 아침부터 저녁까지, 어쩌면 가족보다 더 많은 시간을 함께 보내는 특별한 인연이다. 라오스 직원들이 좋아하는 축구를 같이 하고 스포츠 클럽을 만들어 함께 뛰고, 몸을 부딪치면서 같이 땀 흘리며 공동체 의식을 쌓아갔다. 그러면서 이 나라에서의 내 비전과 꿈을 지속해서 보여주니 직원들이 하나둘 마음의 문을 열기 시작했다. 회사가 점점 성장해나가는 모습을 스스로 보고, 다른 회사보다 더 나은 복지와 화목한 분위기를 느끼자 직원들의 태도도 변했다.

초창기 직원들이랑 약속한 것이 있었다. 나랑 일을 하면서 2~3년 내에 오토바이를 장만하지 못한다면, 내가 오토바이를 사주겠다고. 5년 동안 월급의 50%를 저금했는데도 자동차를 살 수 없다면 사비를 털어서라도 자동차를 사주겠다고. 10년 동안 월급의 50%를 저금했는데도 집을 장만하지 못했다면 내가 보태주고 월급도 올려주겠노라고. 렛츠 고 투게더! 같이 가자고!

그 약속은 지금도 지키고 있다. 현재 코라오의 직원들은 다른 회사 직원보다 집과 자동차를 더 많이 보유하고 있다.

마음을 연 직원들을 어떻게 유능한 일꾼으로 키울 것인가도 회사의 미래를 위해 중요한 문제였다. 회사가 성장하며 다양한 분야를 함께 경험할 수밖에 없는 직원들이 어느새 다방면에서 유능한 인재들로 발전하고 있다. 회사의 성공으로 신사업에 투자해 지속적으로 성장할 수 있는 기회를 직원들에게 주는 것만큼 더 큰 가치는 없다.

실무적으로 의사결정을 하고 어떻게 책임을 지게 할지도 중요한 과제였다. 그래서 소통 시스템도 만들고 의사결정 체계도 만들었다. (Co-Sign 공동 결제 제도와 BPR 미팅으로 내부 소통 문제를 어떻게 해결했는지는 3부에서 별도로 소개한다.)

의사결정 시스템으로 실수를 줄이고 옳은 결정을 할 확률을 높여주었지만 그것보다 더욱 중요한 것은 함께 인생을 나누며, 우리 회사의 문화에 자연스럽게 스며들게 하는 것이었다. 코라오가 본인의 회사가 되고, 코라오의 성장이 곧 본인의 성장이고 미래가 되는 것. 평범한 사람들을 데려다가 비범하게 만드는 특별한 과정이 있는 것은 아니다. 이 친구들이 우리의 철학 우리의 문화를 공유하면서 우리 사람으로 성장하는 것이다.

사람들이 일관되게 하는 이야기가 있다.

"코라오는 어디서 이런 인재들을 찾았나요?"

직원의 70~80%가 10년 넘게 회사를 다니는 장기근속자다. 코라오가 오늘날 라오스의 민간기업 No.1으로 성장할 수 있었던 것은 '렛츠 고 투게더'의 힘이 아니었을까.

최악의 창업자는 능력이 부족해 회사를 망하게 만드는 사람이다. 그다음 나쁜 창업자는 동료를 다른 회사로 넘기는 사람이다. 인생을 함께 회사에 바친 동지들을 잃어버린다면, 이들과 함께한 시간을 어떻게 보상한단 말인가.

지금 내 꿈은 코라오 그룹을 100년 기업으로 만드는 것이다. 자식은 부모보다 더 나은 곳에 보내고 싶은 것이 인지상정이다. 그런데 자기 자식에게 인연을 물려주고 싶은 회사, 얼마나 근사한가. 한번 인연을 맺으면 계속해서 같이 인생을 공유하는 그런 기업. 자식의 손자까지도 우리 회사와 함께하는 회사. '렛츠 고 투게더!'라는 마음이 이어진다면 충분히 가능하지 않을까?

9
이익의 사회 환원을
무조건 실천하라

　베트남에서 두 번째 사업에 실패한 후였다. 매일매일 술을 마시며 세상을 원망했다. 경제적 실패보다 더욱 허무한 것은 '외국인인 내가 여기서 죽거나 사라진다 해도 아무도 나를 기억하지 못하겠구나' 하는 생각이었다.

　그때 결심했다. 다시 재기한다면, 성공의 기회를 준 사회에 반드시 환원하겠다고. 외국인으로서 돈만 버는 것이 아니라 얻은 수익을 사회에 환원하고 사회 발전에도 앞장서겠노라고. 나의 성공을 이 나라 국민에게 모두 돌려주겠다고 다짐했다.

　라오스로 오기 전인 1997년, 새해를 미얀마에서 맞이했다. 양곤에 있는 파고다에 올라가 200여 개 불상 중 한 군데서 무릎을 꿇고 기도했다. 하느님, 부처님, 알라신까지 다 찾으며 약속했다. '나에게 재기의 기회를 주신다면 이제부터는 내가 버는 수익의 5% 이상을 꾸준히 선행적으로 기부하겠다. 가장 사랑받는 외국 기업이 되겠다'고. 그 기도가 통했는지 난 라오스에서 재기할 수 있었고, 약속대로 매년 이윤의 5%를 지금까지 '무조건' 환원하고 있다.

장학금을 받은 이들이 대학을 졸업하고 사회의 리더로 성장하는 모습을 볼 때 큰 감동을 느낀다. 비엔티안의 상징적인 건축물이 나의 기부로 이루어진 것을 볼 때도 무척이나 행복하다. 적은 금액이라도 꾸준히 나누는 것이 중요하다. 설령 내 모든 것이 무너진다 해도 내가 기부한 것들은 계속 남아 있을 것이기에 말이다.

외국계 기업의 사회 환원은 현지화의 완성으로도 귀결된다. 사회 환원은 제품에 대한 만족도를 넘어 기업에 대한 존경심을 낳는다. 존경은 현지 기업과의 경쟁에도 도움을 준다. 해외기업으로서 사랑받는 것을 넘어 존경받을 때 비로소 현지 기업과 동일한 대접을 받을 수 있다. 그 지름길이 사회 환원이다.

사회 환원은 현지화의 처음이자 마지막이고 시작과 끝이다. 사회 환원이 없는 현지화는 없다.

10
지속 가능한 경쟁력 확보를 위해
철저히 현지화하라

정말 현지화만 하면 기업의 경쟁력과 연속성이 생기는 것일까? 현지 기업이라고 해서 모두 성공하는 것은 아니지 않은가. 한국에 있는 한국 기업은 모두 현지화돼 있는데 왜 어떤 기업은 망하고 어떤 기업은 장수하는가? 현지인만큼 그나라 말을 잘하고, 길을 잘 알고, 현지 음식을 잘 먹는다고 해서 현지화되었다고 할 수 있을까? 현지인처럼 사는 것이 현지화는 아니다.

미국 기업인 스타벅스가 한국에 진출했다고 해서 한국 기업이라고 할 수 있을까? 현재 수많은 명품 브랜드가 한국에서 전 세계 매출 상위를 기록하고 있는데, 이들이 현지화됐다고 할 수 있을까? 그 브랜드들이 한국에서 사회 환원을 얼마나 하는지를 보면 가끔 언짢을 정도이다.

유럽이나 미국의 여러 기업이 한국에서 제품을 팔아 이익을 챙긴다. 하지만 한국 기업보다 한국을 더 사랑하고, 한국의 국가 발전을 위해 노력하고, 한국인의 삶의 질을 높이기 위해 노력하는 기업이 몇이나 될까? 정말 그런 기업이 있다면 벌써 대박이 났을 것이다.

현지화는 첫째, 브랜드가 잘 알려지고 둘째, 소비자들이 제품과 서비스에 만족하고 셋째, 장기적 관점에서 그 나라 발전과 함께하는 기업이라는 믿음이 생기고 넷째, 사회 환원 등으로 기업이 존경받을 때 이루어진다. 이 정도 되어야 그 나라 국민은 '현지화된 기업이구나' 생각한다. 이익은 목적이 아니라 수단이고, 존경은 그 결과다. 현지화된 기업이라고 인정받는 순간 단순히 현지인이 운영하는 현지 기업과 차별화된다. 우리를 편견으로 대하지 않고, 만만하게 보지 않고, 이방인으로 대하지 않고 나아가 그 이상으로 대한다. 현지화란 해외에 나가서 받을 수 있는 최고의 훈장이다. 그 나라에서 엄청난 경쟁력을 가진 상태가 되는 것이다. 지속 성장을 할 수 있는 탄탄한 기반이 만들어졌다고 할 수 있다.

어쩌면 코라오 10계명은 모든 내용이 '현지화'로 귀결된다. 국가 발전과 함께하고, 시대 흐름을 읽고, 장기적 관점에서 사업을 하고, 브랜드를 관리하고, 고객을 만족시키고, 타협하지 말고, 중소 상인한테 피해를 주지 않고, 미래를 공유하면서, 사회 환원을 무조건 실천하는 이 모든 원칙이 현지화에 성공하기 위한 과정이라고 할 수 있다.

유통업을 시작하자마자 ODOPone district one product(각 구역별로 특산품을 육성하는 정책) 계약을 맺었다. 시작한 지 채 1년도 되지 않았는데 라오스 상공부와 산업부에서 먼저 연락을 해, 코라오와 각 지역별로 특화된 상품을 육성하는 계약을 맺자고 요청했다. "정부가 하지 못한 걸 코라오가 해줘서 고맙다"며 앞으로 전국 방방곡곡 특산품을 육성하고 유통하면서 해외로 수출하는 일까지 부탁해왔다.

유엔에서 2025년까지 세계 최빈국 빈곤 탈출을 목표로 세운 나라가 바로 라오스다. 농민들은 그동안 판로가 없어 그저 자급자족 수준의 농사만을 지었다. 그러다 콕콕 마트 체인을 통해 판로를 열어주고 각 지방의 정부와 협업을 하여 콕콕 마트와 딸랏라오 재래시장의 물꼬를 터주자 농민들도 흥이 나서 열심히 재배하고 수확하고 있다. 당연히 농민의 소득도 늘어나고 있다.

유통사업을 시작하자마자 정부도 국민들도 왜이렇게 뜨거운 반응을 보이는가? 바로 현지화 덕분이다. 경쟁력과 연속성은 현지화에 달려 있다. 그 나라 국민이 우리 브랜드를 보는 순간 존경하는 마음이 일어나는 그 정도가 현지화의 정도이고, 그 크기만큼 기업의 경쟁력과 연속성이 보장된다.

남들보다 앞서나가는 비법은 '출발'하는 것이다.
— 마크 트웨인

PART 3

기회, 그리고 그 너머

이번 장에서는 해외 진출에 필요한 경험과 인사이트, 다양한 상황에서 겪을 수 있는 예상 상황에 대한 실전 전략을 모았다.

그동안 여러 강연이나 한인비즈니스인턴십 과정에서 받았던 질문, 인도차이나반도에서 근무하고 있는 우리 그룹의 청년들에게 해외 진출 시 가장 어려운 점이 무엇이었는지 물은 설문조사를 바탕으로 했다. 또, 한국 경제단체나 직능단체들이 인도차이나반도로 해외연수나 세미나를 왔을 때 받았던 질문들도 모았다.

가고자 하는 곳을 가장 쉽게 찾아가는 방법은 그곳에 가본 사람에게 길을 묻는 것이다. 먼저 해외에 진출한 이가 겪었던 경험을 담아 이머징마켓 실전 공략집처럼 현장에서 적용할 수 있는 안내서가 되었으면 하는 바람이다.

부의
평행이동

"과포화 상태인 한국에 계속 투자해도 괜찮을까요?"

한국 중소기업 관계자들을 만날 때마다 가장 많이 받았던 질문이다. 이미 잘나가는 사업가뿐 아니라 사업을 새로 시작하려는 분들이 가장 궁금해하는 점이기도 하다. 한국 시장이 한계점에 도달한 것은 아닐까? 불투명한 시장 상황에서 신제품 개발과 R&D(연구개발)에 계속 투자해도 좋을까? 고민이 될 수밖에 없다.

기술은 하루가 다르게 발전하고, 그만큼 상품의 수명은 짧아지고 있다. 기업의 생존에 신제품과 R&D는 중요한 요소지만, 늘어나는 투자금에 비해 회수되는 이익은 크게 늘지 않는 현실이 답답하다.

그렇다고 전혀 해법이 없는 것은 아니다. 난 이런 답을 드리고 싶다. 한국의 기업들이 고속성장하던 때를 한번 복기해보라고. 어떤 상품이 우리의 경제성장을 견인했고 어떤 상황에서 매출이 발생했을까. 역사가 되풀이되듯, 시장도 비슷하게 반복된다. 언어가 다르고 민족성이 달라도 경제성장에 따른 단계별 소비 욕구는 비슷한 양상을 띤다.

우리나라가 1980, 1990년대 겪었던 과정을 지금 겪고 있는 나라를 찾아 당시 성공했던 우리의 제품과 노하우를 '평행이동'시켜보자. 이미 우리나라에서 엄격한 소비자의 검증을 마친 제품과 노하우이니, 리스크는 크지 않을 것이다. 시장 환경과 상품을 잘 매칭하는 것이 관건이지만 역시 앞선 경험이 이정표가 되어줄 것이다.

R&D 비용에 대한 부담도 없다. 그저 진출하려는 그 나라를 알고, 그 나라에 필요한 조직을 만드는 정도의 투자 비용만 있으면 곧바로 시장을 확대할 수 있다. 가령 한국의 모기업이 반자동 기계를 사용해 제품을 생산하다 비싼 인건비 등으로 인해 전자동 시스템으로 바꾸었다면, 반자동 기계는 일선에서 물러날 것이다. 그러나 한국의 과거와 비슷한 길을 걷고 있는 나라에서는 이 기계들이 필요할 것이다. 이런 업

하이웨이에는 길이 없다

종들이 무척 많다.

국제통화기금IMF은 전 세계 나라 가운데 39개국을 선진국으로 분류하고 있다. 1인당 GDP가 2만 달러 미만인 나라만 해도 140여 개인데, 그렇다면 선진국인 한국의 제품과 경영 노하우를 적용해볼 나라가 아직도 얼마나 많다는 이야기인가. 블루오션을 만드는 것이 꼭 신제품이나 R&D일 필요는 없지 않은가. 진짜 블루오션은 '개척되지 않은 시장'이기 때문이다.

이미 우리나라에서 성공을 거둔 제품이나 마케팅 노하우를 우리보다 개발 속도가 늦은 저개발 국가에 평행 이동시키면서 '투트랙 전략'을 구사하는 것이다. 한국에서 정체되거나 쇠퇴한 산업을 다시 활성화할 수 있는 묘수이기도 하다. 각 나라마다 시장 환경과 매칭해 수출하고, 국내에서는 미래를 위해 신제품 개발이나 R&D에 지속해서 투자하는 것이다. 이것이야말로 맞춤형 글로벌 전략이 아닐까.

'기회 선점'이
중요하다!

내가 선진국보다 신흥국을 선호하는 이유는 무엇인가? 왜 코라오 그룹은 라오스, 베트남, 미얀마, 캄보디아, 중국 등 신흥국 시장에 집중할까?

어느 나라로 진출할지 선정하는 것은 매우 중요하다. 기업도, 개인 취업자도 마찬가지다. 단, 그 나라의 국민소득이나 잘사는 순위가 내 성공 가능성의 순위는 아니란 것을 기억해야 한다. 오히려 반대일 수 있다. 나는 이 관점에서 해외 진출의 답을 찾아야 한다고 생각한다.

신흥국 시장은 시스템이 제대로 갖춰져 있지 않고 법과 제도도 느슨하다. 선진 제도와 시스템을 도입하려 정부가 노력하고 있지만 아직 갈 길이 멀다. 하지만 사회 분위기는 확실히 선진국보다 덜 경직돼 있다. 그만큼 비집고 들어갈 틈이 많고 기회도 많다. 게다가 글로벌 기업이나 선진국 기업들은 작은 이머징마켓에 모든 걸 올인할 수 없기에 신흥국 시장은 상대적으로 경쟁에서 자유로울 수 있다.

가장 매력적인 것은 신흥국 시장에서는 브랜드에 대한 충성심이 그리 높지 않다는 사실이다. 브랜드에 대한 인지도가 있기는 하지만 로열티가 높다고는 볼 수 없다. 다국적 기업의 브랜드가 견고하게 구축된 시장에서는 아무리 품질 좋은 상품으로 노크한다 해도 철옹성 같은 문이 쉽게 열리지 않는다. 하지만 신흥국 시장에서는 아직 브랜드의 이미지가 고착돼 있지 않아 가격 대비 성능이 좋고 현지화된 서비스를 제공하는 제품에 훨씬 우호적이다. 편견 없는 우호, 이것이 신흥국 시장의 중요한 장점이다.

나와 잘 어울리는 국가를 선택한 뒤, 내가 잘할 수 있는 아이템을 선택해 꾸준히 내 브랜드를 알리며 믿음과 신뢰로 소통하면 머지않은 시간에 신흥국 시장의 대표 브랜드가 될 수 있다.

장기적인 관점에서 보면 국가 발전과 함께하며 수많은 사업 기회를 얻을 수 있다는 것 또한 신흥국 시장이 가진 큰 매력이다. 대부분의 선진국 시장은 치열한 레드오션이다. 이머징마켓은 국가가 성장하고 발전하는 과정에서 지속적으로 블루오션을 만들어낸다. 나 같은 경우 자꾸 만들어지는 또 다른 사업의 기회들을 참아야 하는 것이 힘들 정도였다.

어떤 이들은 이렇게 생각할 수도 있다. 신흥국 시장에서 열심히 일하는 동안 내 경쟁자는 선진국 시장에서 훨씬 앞서가 있는 것은 아닐까? 나만 뒤처지는 것은 아닐까?

난 그 반대라고 생각한다. 선진국 시장은 시스템이 견고하게 갖춰져 있어 경쟁력만 있으면 언제든지 뛰어들 수 있다. 그러나 이머징마켓에서는 진출 시기가 중요하다. '기회 선점의 효과'는 신흥국에서만 누릴 수 있는 특권이다. 선진국에서 기회 선점은 이미 사라진 지 오래다.

전 세계 신흥국들이 활발하게 움직이는 이 시기에 군이 선진국에 가서 시간을 낭비할 필요가 있을까. 오히려 이머징마켓을 돌며 좀 더 회사 규모를 키우고, 능력과 기회를 쌓고, 자본도 축적한 후 선진국을 노크해도 늦지 않다.

선진국이 '능력'으로 열리는 시장이라면 신흥국은 '기회'로 열리는 시장이기 때문이다.

평범한 내가 해외에서
경쟁할 수 있을까?

몇 년 전 모교인 성균관대학교에서 강의한 적이 있었다. 한 학생이 손을 들었다.

"저는 집에서 사업 자금을 지원받기도 어렵고 외국어를 잘하지도 못하는데, 해외에서 과연 경쟁력이 있을까요?"

난 고개를 끄덕였다. 충분히 그렇게 생각할 수 있을 것이다. 이번엔 내가 학생들 전체에게 질문했다.

"같은 학교 출신인 송중기보다 잘생긴 사람 있으면 손들어보세요."

모두 웃음을 터트렸다. 송중기는 연기도 외모도 훌륭해서 배우가 되었으니, 송중기보다 잘생긴 사람이 있다면 그분은 배우를 하면 된다고 농담처럼 말하며 운을 띄웠다. 사람도 상품도 차별화된 가치가 있으면 자연스럽게 경쟁력을 갖게 된다. 차별화는 일부 선천적인 경우를 제외하고는 발견하고 키워나가는 것이며, 끊임없이 차별화를 추구하는 행동이 경쟁력을 확보하는 핵심 열쇠가 된다고 이야기해주고 싶었다.

해외에서 비로소 생긴 경쟁력

대학 졸업 후 첫 직장에서도 마찬가지였다. 집안 형편도 학력도 특별히 내세울 것이 없었던 내가 고민해서 찾아낸 경쟁력이 '체력'이었다.

체력만큼은 자신 있었던 난 첫 출근일에 다짐했다. '앞으로 이 회사에서 제일 먼저 출근하고 제일 늦게 퇴근하자.' 회식을 마치고도 혼자 사무실로 돌아와 보고서를 작성하고 다음 날 누구보다 일찍 출근하면서 다른 사람보다 한 가지씩 더 일을 해나갔다.

비슷한 사람들이 모인 회사에서 쌓은 작지만 꾸준한 노력은 1년 뒤부터 인정을 받고 성과를 냈다. 2년 만에 특진하고, 점점 더 좋은 부서로 옮겨가고, 고급 정보를 얻고, 중요 프로젝트 TF팀에 우선 선발되는 등 많은 기회를 얻을 수 있었다.

베트남에 진출할 때도 내 경쟁력이 무엇인지 찾아보았다. 그때 나는 1억 가까운 베트남 인구 중 한국어는 내가 제일 잘한다는 사실을 알아냈다. 한국과 수교 전이어서 베트남에 한국인이 거의 없었기 때문이다. 한국어를 잘한다는 이유만으로 난 한국 관련 비즈니스를 독점할 수 있었다.

남과 다른 점, 다른 경험이 곧 경쟁력이 되었다. 한국에서 누구나 겪는 치열한 교육이나 군대 문화 등도 해외에서는 훌륭한 경쟁력이 될 수 있다. 1990년대 초반까지만 해도 한국인의 경쟁력은 '부지런함'이라고 이야기했었다. 우리에겐 당연한 생활 습관이 외국인들에게는 신기한 경쟁력으로 보였던 것이다. 지극히 평범한 것들이 해외이기에 경쟁력으로 작용할 수 있다.

비슷비슷한 사람들끼리 경쟁하며 살아가는 한국에선 누구나 평범해 보인다. 차별화도 쉽지 않고 경쟁력을 만들기도 어렵다. 그래서 스스로 평범하다고 느낄수록 해외로 나가야 한다고 생각한다. 해외에서는 한국인이란 것만으로 이미 차별화가 된다. 물론 여기에 현지에서의 제대로 된 적응력이 더해져야만 나만의 차별화된 경쟁력이 완성된다는 것을 꼭 명심해야 한다.

냉철하게 자신을 돌아보고 지금 환경에서 경쟁력이 있는 지 따져보라. 레드오션 같은 상황이라면 나 자신이 희소가치가 큰 곳에서 다시 시작해보라. 한국에서 고민하지 말고 해외에서 부딪혀라. 내 가치를 실현할 수 있는 나라를 선택하라. 남들이 짜놓은 판에서 장기의 말처럼 살고 싶지 않다면 말이다. 기존의 익숙한 시장과 접근방식으로 산다면 경쟁력이 없는 것은 당연하다. 경쟁력이란 남들로부터 인정받을 수 있는 '다름'이기 때문이다.

평범한 사람에 불과했기에 나 또한 동남아시아로 건너가 한국 관련 비즈니스를 했고, 그 선택은 신의 한 수였다고 생각한다.

한국인이라는 경쟁력

1990년대 초 한국은 글로벌 시장에 관심 있는 사람들 정도나 알고 있는 나라였다. 중국 밑 또는 일본 옆에 있는 조그만 나라일 뿐이었다. 한국에 대해 많이 안다는 사람도 '한강의

기적'이나 '새마을 운동' 정도만 기억하고 있었다.

당시는 현대자동차나 삼성전자도 알려지지 않았다. '메이드인코리아' 제품은 인지도가 전혀 없었다. 일본 제품의 복제품이나 기술 제휴를 거친 합작품 정도가 조금 관심을 끌었을 뿐이다. 삼성 이건희 회장이 LA 쪽에 있는 전자상가를 돌아보다 SONY나 일본 제품들은 전면에 배치돼 있는데, 삼성은 구석에 박스도 뜯지 않은 채 처박혀 있는 것을 보고는 "마누라와 자식만 빼고 다 바꾸라"고 한 것도 그때였다.

그러나 세상이 달라졌다. 2000년대에 들어서며 한국의 우수성이 세계에 알려지기 시작했다. K팝, K드라마, K푸드, K뷰티 등이 전 세계, 특히 동남아에 퍼져나가면서 한류 열풍이 불기 시작했다. 휴대폰을 비롯 자동차, 전자, 반도체, 석유화학 제품 등 다양한 한국의 상품들이 전 세계로 뻗어나갔다. 이제 한국산 제품, 그리고 한국인인 것만으로도 인정받는 시대가 되었다. 30여 년간 해외에서 생활하면서 지금의 대한민국을 만드는 데 일조했다는 자긍심과 함께 지금처럼 한국 사람이라는 것이 자랑스럽고 고마운 적이 없었다. 이제는 코리아라는 브랜드를 등에 업고 나가면 세계 어디에서도 환영받으며 원하는 일을 어디에서나 펼칠 수 있다. 지금 세대의 해외 진출은 축복이다.

사업 아이템 선정!
서두르다 망한다

인도차이나반도에서 30여 년간 사업을 해오며 실패의 쓴맛과 성공의 달콤함을 맛보았다. 그러다 보니 많은 이들이 인도차이나반도에 진출하기 전 조언을 구한다. '어떤 사업을 하면 돈을 벌겠느냐'는 것이다. 나는 언제나 한결같이 대답한다.

"첫 1년 동안은 아침에 일어나자마자 이 나라 신문을 꼼꼼히 다 살펴보세요. 오후 2시부터는 국립학교에 가서 현지 언어를 배우고, 5시부터는 운동을 하고, 저녁 시간엔 평범한 현지인들과 어울리는 시간을 가지세요. 그리고 일주일에 한

두 번 재래시장에 가서 이런저런 구경을 하면서 이것저것 가격도 물어보고 계절마다 바뀌는 상품들도 보고 다시 오시면 사업과 관련해 좀 더 깊은 대화를 할 수 있겠습니다."

그러면 열에 아홉은 사업 아이디어를 공유하기 싫어서 딴소리하는 것으로 생각한다.

여행자처럼 1년만 쏘다녀라

사업을 할 계획이라면 1년 정도 탐색 시간을 가져 보는 것은 어떤가. 동남아시아에서 1년 사는 데 필요한 생활비도 얼마 되지 않는다. 그 나라 말을 익히면 더 새롭고 재미도 있다.

여행자처럼 1년만 여기저기 쏘다녀보라. 유명한 관광지만 다니는 것이 아니라 현지인들의 삶 속에 들어가보라. 유명하지 않은 작은 마을에도 가보고, 현지 음식을 먹으며 작고 큰 체험들을 다양하게 해보라.

이때 스위치를 켠 녹음기처럼 이것저것 보고 들은 것을 기억하라. 그리고 두 가지는 반드시 기록하라. 한국에는 없지만 그 나라에는 있는 것, 반대로 한국에 있는데 아직 동남아시아에는 없는 것. 개인적으로 관심이 가는 것도 적는다. 이렇게 쭉 적어가다 한국이나 그 나라에 없다고 생각했지만 뒤늦게 발견한 것을 또 지워나가다 보면 절반은 지워질 것이다.

한국에 있지만 동남아시아에 없는 것에는 문화적인 문제로 사업화하기 어려운 것들도 많다. 이런 것들을 적어가다 보면 공통분모가 보인다. 해볼 만한 사업이 어떤 것들이 있는지 객관적으로 보이기 시작한다. 그때 내가 도전하고 싶은 것만 남기고 나머지는 지운다. 이렇게 쓰고 지우고 확인하는 과정을 한 1년 정도 갖는다.

신흥 시장에서는 기회가 너무 많아서 무엇을 할지보다는 무엇이 나랑 맞고 내가 어떤 것에서 재미를 느끼는지를 아는 게 더 중요하다.

이렇게 안식년을 즐기는 사람처럼 부담 없이 어슬렁거리다 보면 어느 날 흐린 하늘의 구름이 걷히고 상큼한 코발트색 하늘이 보이듯, 사업을 시작해도 좋을 때가 보인다.

현지 적응은 기본

라오스에 온 지 얼마 되지 않은 한국 청년을 만난 적이 있다. 라오스어도 배우고 대학 공부도 새로 시작해야 하는데 부모님께 돈을 받아 쓰면 부담이 돼서 이곳에 오래 있지 못할 것 같아 신문 배달을 시작했다는 것이다.

인터넷이 지금처럼 발전하지 않았던 시절이어서 한국에서 밤 비행기로 신문을 보내주면 청년이 교민 집이나 한국식당에 배달해주었다. 한국에서 하루 지난 신문을 가져와 한 달에 10달러만 받아도 100군데 정도 돌리면 1,000달러 이상 수익을 낼 수 있었다. 그는 이 기회의 땅에서 부모님 도움 없이 살아가는 길을 스스로 만든 것이다.

대기업에서 영업 관리 업무를 하다 퇴직 후 라오스에 온 분도 기억에 남는다. 당시에도 난 성급히 사업을 시작하지 말고 1년 정도 돌아보다 마음에 드는 사업이 있으면 그때 시작하라고 조언했다.

그분은 정말 1년 넘게 라오스를 돌다 작은 한국식 미용실을 차렸다. 헤어 서비스뿐 아니라 피부 미용 등 한국 미용실의 문화를 들여와 일약 유명세를 탔다. 내가 가진 돈을 줄어들지 않게 해서, 추후 제대로 된 기회가 오면 투자하기 위한 디딤돌 사업이다. 두 사람은 해외 사업의 적응을 위해 발품을 팔아 단단히 기반을 다져 성공한 사례다.

얼마 전 한국 식당에서 몰골이 엉망인 한국 사람을 만났다. 그는 나를 보더니 "왜 자신을 만나주지 않았느냐?"며 펑펑 울었다. "처음 왔을 때 만나줬다면 이렇게 거지가 안 되었을 것"이라며 나를 원망했다. 사정을 듣고 보니 딱했다. 이곳에 살고 있던 지인한테 사기를 당했던 것이다.

　방송으로 코라오의 성공 스토리를 시청한 이분은 나를 한 번 만나보고 싶었는데 마침 라오스에 사는 지인이 나를 잘 안다면서 소개해주겠다고 하는 바람에 겸사겸사 라오스 길에 올랐다. 물론 나는 그 지인이라는 이를 모른다. 그 지인의 목적은 다른 데 있었으니까.

　K씨는 당시 한국에서 휴대폰 대리점을 해 꽤 큰돈을 벌었던 모양이다. 마침 라오스에도 휴대폰이 막 보급되던 시절이었다. 라오스는 산이 많다 보니 대도시에서도 먹통 지역이 많았고 지방으로 이동하는 중에는 기지국이 없어 몇 시간이고 불통이 되었다. 지인은 지금 핸드폰에 대한 수요가 무척 높지만 불통 지역이 더 많으니 휴대폰이 안 터지는 지역에서 무전기로 대신 소통하게 해준다면 엄청나게 돈을 벌지 않겠냐며 사업 제안을 했다.

　한국에서도 휴대폰 보급 초창기에 겪은 일이었다. K씨는 이 나라에 무전기를 가지고 오면 정말 대박이 나겠다 싶었다. 그러자 지인은 코라오에 이 정보를 주면 먼저 무전기를 들여올 수도 있으니 절대 비밀로 해야 한다고 당부하며 K씨에게 나를 만나게 해준다는 약속도 자연스럽게 무마시켜버렸다.

　그 말도 맞는 듯했다. 그 뒤로 K씨는 재산을 전부 정리해

무전기를 수입했다. 하지만 당연히 무전기 사업이 될 리 없었다. 휴대전화는 하루가 다르게 기술이 발전했고 전국적으로 소통이 원활해졌음은 물론이다. K씨는 빚더미에 앉아 한국에도 돌아가지 못한 채 폐인처럼 살고 있었다. 현지 실정도 모른 채 몇몇 사람들의 말만 듣고 사업을 벌였다가는 안타깝게 돈도 열정도 모두 잃고 만다.

저개발 국가이다 보니 바로 시작해도 될 것 같은 사업이 눈에 많이 띈다. 남이 하기 전에 내가 먼저 해야 한다는 조급증이 생겨, 왜 이 나라에 그 사업이 없는지 따져보지도 않고 무작정 시작해 실패하는 경우도 많이 봤다. 긴 인생에 비추어 고작 1, 2년마저도 투자할 여유가 없는 것인지…. 외국에 진출하는 한국 기업가들을 보면서 못내 아쉬운 생각이 들곤 한다.

아이템은 있지만
자본이 없어요

    10여 년 전 브라질 한인 상공 회의소의 초청을 받아 강연한 적이 있다. 브라질에는 일주일 정도 머무를 예정이었다. 강연장에는 교포 100여 명이 모였다. 첫날 강의를 마친 후 이왕 온 김에 파라과이, 우루과이, 아르헨티나 등 남미 시장을 둘러보았다. 그리고 마지막 날 다시 브라질에서 젊은 교민들과 이야기를 나누었다.

당신 국적은 태평양 바다

브라질 교포는 대부분 부모를 따라 어렸을 때 이민 온 1.5 세대들이었다. 주로 스페인어나 영어를 사용하고 있었다. 초·중·고·대학까지 브라질에서 마쳐 현지인과 같은 인맥과 커뮤니티를 갖고도 있었다. 그렇게 훌륭한 자산을 가진 이들이, 대부분 한국인이 모여 있는 패션가에서 의류 소매업을 하고 있었다. 물건은 대개 한국 동대문에서 들여온 것들이었다.

"여기 있는 사람 중 우루과이 갔다 온 사람 손 들어보세요."

100여 명 중에 아무도 손을 들지 않았다. 파라과이에 갔다 온 사람은 3명 정도였다. 비행기 타고 한두 시간 거리에 있는데 왜 안 가느냐고 물었더니 시장이 너무 작다는 대답이 돌아왔다. 브라질이 남미의 최강국이고, 인구도 제일 많은데 굳이 다른 나라에 가볼 필요가 있느냐는 것이었다.

30~40년을 살면서도 브라질 인근 국가를 돌아보지 않은 사람이 대부분이었다. 남미 최대국 브라질에 눌러앉아 매너리즘에 빠져 있는 듯했다. 이들의 국적은 태평양 바다라는

생각이 들었다. 그 바다 위에서 표류하는 사람들로 보여 너무 안타까웠다. 바로 1~2시간 거리에 엄청나게 많은 신흥시장의 기회가 널려 있는데 말이다. 기회는 본인이 사는 그 나라에만 있는 게 아니다. 난 진심으로 말했다.

"여러분은 지금 태평양에 떠 있어요. 한국인이지만 한국도 잘 모르고 브라질을 잘 안다고 하지만 현지인도 아니지요. 차라리 브라질 주변의 조그마한 나라들을 돌면서 사업을 찾아보세요. 그리고 나서 한국이나 중국과도 연계해보세요."

그 당시에는 중국 제품들이 막 전 세계로 진출할 때였다. 그러자 한 젊은 친구가 손을 들었다.

"한국에서 오토바이 회사를 인수하셨다고 들었습니다. 저는 아버님을 따라서 곧 아프리카 가봉으로 가는데, 혹시 가봉에서 KR모터스 오토바이 총판 대리점을 할 수 있을까요?"

난 청년의 그런 자세를 격려하고 싶었다. 그래서 20대 말 베트남에서 처음 사업을 시작했을 때의 얘기를 들려주었다. 만일 한국에서 자동차, 전자 등 대규모 공장을 짓는다면 수십조가 있어도 부족할 것이다. 그러나 나는 베트남에서 여러 제품을 중계 무역하며 마치 한국을 내 공장처럼 활용했다. 요즘은 인터넷이 활성화돼 있고 한국 기업들의 지사가 전 세계에 구축되어 예전만큼 기회가 많지는 않지만, 아프리카나 남미 같은 기회의 땅이 아직 많이 남아 있다.

아프리카 같은 나라에서 KR모터스 대리점을 하겠다면 우리 본사에서 아주 친절하게 응해줄 것이다. 난 KR모터스를 인수하기 위해 수백억을 썼지만, 굳이 그런 비용을 들이지 않고도 당신이 원하는 나라에서 자신의 사업을 할 수 있을 것이라고 엄지손가락을 치켜세워주었다.

신흥국에서 사업 아이템을 발견한 후 한국의 기업에 전화를 건다고 생각해보자. "제가 당신 회사의 대사, 지사장 역할을 내 돈 들여서 할 테니 샘플 제품들을 보내주세요. 제가 영업하겠습니다." 그러는데 마다할 한국의 중소 중견기업은 없을 것이다. 무조건 감사한 마음으로 달려들 것이다. 이것이 바로 해외에 나가서 얻는 특권이다.

아이템은 찾았지만 자본이 없다고? 사업 기회를 가질 수 있느냐고? 해외에 있어서 누릴 수 있는 특권을 누려보길 바란다. 이것을 충분히 활용하면 큰 자본을 들이지 않고 쉽고 빠르게 사업을 할 수 있다.

코라오는
산타 할아버지

코라오는 가는 나라마다 국민의 사랑을 듬뿍 받고 정부로부
터 세제 혜택을 받는데, 그 비결이 뭐냐고 묻는 사람이 많다.

알려진 것처럼 LVMC홀딩스는 라오스, 베트남, 미얀마,
캄보디아 등에 각각 자동차 생산공장을 가진 세계 유일한 기
업이다. 각 국가에 진출할 때마다 우리의 전략은 같았다. 우
리의 이익만을 고수하지 않고 정부, 사회, 국민이 모두 윈-윈
할 수 있는 사업을 펼치겠다는 것이었다. 코라오가 진출할
때 어떤 면에서 그 나라 정부, 사회, 국민에게 이익이 되는지
를 설명했다. 그러면 대부분의 국가에서는 비슷한 반응을 보
인다.

"결론적으로 당신이 이 나라에 투자한 만큼 세금 혜택을 달라는 것 아닌가요? 만일 당신들 기업의 세금을 깎아주면 국가 세수가 그만큼 줄어드는 것 아닙니까?"

당연히 정부 입장에선 그렇게 생각할 수 있다. 하지만 이는 시장 파이를 생각지 않은 발상이다.

"우리가 들어오지 않는다면 과연 우리 사업계획처럼 시장이 커질까요? 세금이 높으면 10명 중에서 1명밖에 차를 구매할 수 없을 것입니다. 그런데 우리가 논의드린 세제 혜택을 반영한다면 10명 중 3명이 차를 사겠지요. 1명이 내는 세금이 100이라면, 3명이 내는 세금은 50%를 깎아주어도 150이 되겠지요. 어떤 것이 정부 세수가 줄어드는 것일까요? 오히려 시장 파이가 커지고 커진 만큼 세수가 늘어납니다."

코라오는 우리 기업이 진출할 경우 가져올 좋은 점을 하나하나 설명했다. 자동차를 많이 보유함으로써 국민의 삶의 질이 높아지는 것은 기본이고, 자동차로 경제활동을 하게 되고, 트럭이나 미니버스 승합차는 70~80%가 사업 용도로 사용되어 경제적인 이동이 일어난다는 것을 알렸다. 이뿐만 아니라 자동차 생산에 따른 전후방 기업의 동반 성장이 가능하고, 고용을 창출해 직원 가족들의 생계를 보장하며, 매년 몇천 명씩 숙련된 기술자를 키워낸다는 사실을 알렸다. 더불어 자동차 생산국이 되면 국가적 지위도 격상된다는 것을 어필했다.

물론 처음 협상 단계에서 정부가 무리한 요구를 할 수도 있고 파트너가 여러 가지 조건을 제시할 수도 있다. 하지만 결국 정부는 그 시장의 파이가 커지면 정부 세수가 늘고, 고용이 창출되고, 기술을 이전받으며 국가가 발전한다는 것을 대부분 납득한다.

'이 나라에 몇백억 투자하니까 특별 대우해서 세금을 무조건 50% 깎아달라'는 논리는 절대 통하지 않는다. 내가 이 나라에 투자함으로써 당신들이 확실히 '윈'이라는 점을 인식시킨다.

물론 우리도 확실히 '윈'이다.

다른 경쟁사들보다 낮은 세금 혜택을 받아 좋은 제품을 싸게 공급하면서 시장 점유율을 높게 가져갈 수 있다.

해외에서의
인맥관리

기회는 늘 사람으로부터 온다. 비즈니스의 성패를 결정하는 것도 결국은 사람이다. 그런데 낯설고 아는 사람 하나 없는 해외에서 어떻게 좋은 인맥을 구축할 수 있을까?

인맥은 사적인 친분만 의미하는 것이 아니다. 서로 비즈니스적인 도움을 주고받을 수 있는 관계, 특히 해외에서는 유용한 정보를 공유할 수 있는 인적 네트워크를 말한다. 인적 네트워크는 3단계로 이루어진다. 첫째가 만남, 둘째가 필요성 확인, 세 번째가 관리다.

우선 만날 기회를 얻어야 한다. 만남은 곧 기회다. 국내에서는 그 기회를 얻는 게 쉽지 않을 수 있다. 그런데 해외에서는 외국인이라는 점이 장점이 되기도 한다. 외국인이기 때문에 만남의 기회가 더 많이 열려 있다.

만남이 이루어진 후에는 어떻게 할 것인가. 서로 도움을 주고받을 것이 있는지 탐색하는 줄다리기가 시작될 것이다. 그러고 나서 그저 아는 사람 정도로 지낼 것인지, 함께 뭔가를 시작해도 좋을지 판단할 것이다.

이런 상황을 상상해보자. 어느 한국 청년이 라오스 기업인을 만나서 자신이 한국에서 이런 일을 했으며 라오스에 어떤 일을 하기 위해 왔다고 소개한다. 그러고 나서 간단한 한국 소식부터 신사업과 관련한 소식을 SNS를 통해 꾸준히 보내준다. 평소 인터넷을 검색하다 필요한 정보를 발견하면 잊지 않고 공유하는 정도로도 청년은 인맥 관리를 시작한 것이다.

라오스 기업인 입장에서는 이 한국 청년이 기특하다. 몇 번 연락을 주고받다 보니 한국 청년이 알고 있는 것도 많고 도움받을 구석도 있는 듯하다. 한국에서 공식·비공식적으로 해야 할 일이 있을 때 이 친구를 통하면 결과가 좋을 것 같다는 생각이 든다. 그가 그저 한국인이기 때문에 눈에 들어오기 시작한 것이다. 한국인 청년은 됨됨이 하나로 자기 가치를 라오스 기업인에게 어필한 것이다.

전 세계 경제 현황과 환율의 변화에 대한 자료도 보내주고 한국의 KDI나 산업연구원에서 나온 정보를 보내주기도 한다. 어떤 날은 한국 청년이 보내온 신사업 관련 작은 기사 한 줄에서 라오스 기업인은 아이디어를 얻기도 한다. '이거 바로 우리 회사에 대입하면 되겠어!' 이런 것이 바로 '관리'이다.

해외에선, 특히 신흥국에 있다 보면 내가 갖지 못한 기술이나 기타 고급 정보들에 대해 목마르다. 삼성그룹 이건희 회장은 "정보 시대에는 '어떻게 해야 하는가'라는 노하우know-how보다 '어디에 가면 정보를 구할 수 있는가'를 아는 노웨어know-where가 더 중요하다"고 했다. 해외에서는 업무 관련 고급 정보를 공유하는 것이 인적 네트워크를 구축하는 방법이다.

명절마다 선물을 보내는 것이 관리가 아니다. '꾸준한 관심'이 곧 '관리'다. 관심이 쌓이는 만큼 '감사'가 쌓여 관계가 지속된다. 그러다 보면 필요할 때 사업 이야기를 하거나 도움을 청할 수 있는 든든한 우군으로 발전한다.

사교성이 좋은 것과 인맥 관리를 잘하는 것은 다르다. 고위층 지인을 가지고 인맥 장사하는 사람들이 있다. 진정한 인맥은 이런 것이 아니다. 웃고 떠들며 만났다가도 뭔가 도움을 청하면 어색해지거나 소원해지는 것은, 깊은 감사와 대화, 관심이 공유되지 않았기 때문이다. 진정한 인맥이란 단계를 거쳐 꾸준히 관리할 때 생긴다.

코사인의
놀라운 효과

코라오 그룹에는 한국인과 라오스인은 물론이고 동서양 다양한 국적의 사람들이 모여 있다. 사업장도 전 세계에 흩어져 있다. 언어가 모두 다른데 업무 소통은 어떻게 하는지, 다양한 국적의 사람들 간 생겨나는 문제는 어떻게 해결하는지 궁금해하는 분들이 많았다.

각각 다른 사일로에 담긴 정보

같은 나라 사람끼리 모여 있어도 협업은 어렵다. 그러니 다른 나라 사람끼리는 오죽할까. '사일로 효과silo effect'라는 경제 용어가 있다. 사일로는 곡식을 저장하는 원형 기둥 모양의 창고를 말한다. 사일로 효과는 각자의 곡물을 독립적으로 저장하려는 이기주의 경향을 두고 사용하는 말이다.

코라오도 초창기에 조직 관리 면에서 여러 어려움을 겪었다. 현지인은 한국인을 '라오스 말도 못 해서 나 없이는 음식 주문도 못하는 사람'이라고 생각한다. 그러고는 자신은 현장에서 땀 흘리며 열심히 일하는데 한국인들은 시원한 사무실에 앉아 몇 배나 많은 월급을 받는다고 시기한다.

한국인은 라오스 사람들을 '공무원도 아니면서 땡 하면 바로 퇴근하는, 애사심은 눈곱만치도 없고 책임감도 전혀 없는 사람'으로 생각한다.

국가 간의 몰이해가 업무로 연결되면 회사는 갈등의 장으로 변한다. 외국계 기업이 실패하는 데에는 아이템이나 상품의 실패가 아니라, 사람 간의 불통이 주요 원인이 되는 경우가 많다. 이는 대화만으로는 해결할 수가 없다.

외국 매니저들에게 별도로 일정 금액을 지급하면서 가능하면 일주일에 한 번 이상은 현지 직원들과 함께 식사하도록 권했다. 맛있는 식사를 하고 술잔을 기울일 때는 소통이 잘되는 것처럼 보이지만 막상 업무 현장에서는 또다시 불통이 일어났다.

이는 근본적으로 업무 관련 정보의 양을 누가 더 많이 가지고 있느냐의 문제였다. 한국 사람이 정보를 많이 가지고 있고 현지인이 정보를 적게 가진 경우, 한국인의 지시에 따라 현지인은 시키는 대로만 움직인다. 지시가 없으면 현지인은 할 일이 없다고 생각하며 곧바로 퇴근한다.

또 하나는 한국 사람들이 가진 정보와 현지인이 가진 정보의 내용이 각각 다른 게 문제였다. 한국 사람은 "현지인이 나한테 정보를 안 줬다"고 하고, 현지인은 오히려 "왜 네가 가진 정보를 내게 안 줘 자꾸 이중으로 일하게 만드느냐"며 불만을 터트린다. 정보가 각각 다른 사일로 통에 담겨 있어 아무리 밥을 먹고 정서적 교감을 해도 문제가 해결되지 않았던 것이다.

코사인 제도

본사 건물을 지을 때였다. 당시 한국 사람이 건설 CEO였고, 부사장은 현지인이었다. 현지 건설 전문가가 있었고 그 밑에 구매를 담당하는 한국인과 현지인이 있었다.

현장을 둘러볼 때마다 걸핏하면 공사가 중단되어 있었다. 무슨 일인지 한국 책임자에게 물어보면, 라오스 담당자가 제때 자재를 구매하지 않아 공사가 멈추었다는 답이 돌아왔다. 라오스 담당자에게 물어보면 그런 지시를 받은 적이 없다고 했다. 자신이 현지에서 자재를 구매하려고 하면 한국인 담당자가 자재가 한국에서 곧 도착하니 기다리라고 했다는 것이다. 그런데 한국에서 자재가 도착해서 보니 그 물건은 빠져 있었다는 것이다. 서로 책임만 미루고 있었다. 내가 다시는 자재 때문에 중단되는 일이 없도록 하라고 했더니 이번엔 서로 경쟁적으로 건설 자재를 사들였다. 공사가 끝나고 보니 몇십억 원 이상의 자재들이 재고로 남았다.

이래선 안 되겠다 싶었다. 그래서 고민 끝에 코사인Co-Sign 제도를 도입했다. 한국인과 현지인이 공동으로 서명sign하는 제도였다. 어느 나라에 있든 모든 그룹사는 현지 직원과 외국인이 같이 일하는 경우 직급에 관계없이 부서 내 선임자 둘이 마지막 사인을 하도록 의무화했다. 만일 구매가 필요할 경우 외국인 선임자와 현지인 선임자가 함께 사인한 후 다음 부서로 넘기도록 했다. 관리 부서에서 재무로 넘어가고, 재무에서는 공동사인이 없으면 일단 무조건 승인하지 않도록 했다.

현지인이 품의서를 올려도 한국 사람과 공동사인을 해야 하고, 한국 사람이 올린 것도 현지인이 코사인을 해야 한다. 그러니 한국인이 올린 걸 현지인이 모른다고 할 수 없었다.

물론 그 반대의 경우도 마찬가지였다.

코사인 제도는 엄청난 변화를 가져왔다. 먼저 내부적으로 알력과 다툼이 없어졌다. 코사인 제도가 정착되면서 공동 책임 의식이 생겼다. 책임 의식이 주인의식을 가져왔고 공동으로 회사를 발전시킨다는 인식이 생겼다. 처음에는 업무에 대한 책임만 지더니 회사에 대해서 공동의 주인의식과 결정권자라고 하는 주체 의식과 자부심까지 생겼다.

결국은 공동으로 결정하고, 공동으로 성취하고, 그러면서 공동의 목표에 대해, 공동의 꿈에 대해, 함께 '공유'할 수 있게 되었다. 협업하는 분위기로 바뀌면서 한국 사람이기 때문에, 라오스인이기 때문에 라는 말이 싹 사라졌다. 이게 바로 코사인의 엄청난 효과이다.

감정적 교류와 결속력을 쌓아가는 것도 중요하지만 업무적으로 공평하게 모든 걸 공유할 수 있도록 시스템을 만드는 것이 중요하다. 그러면 책임을 뛰어넘어 회사에 대한 비전도 같이 공동으로 나누는 정신적 변화가 일어난다.

집단 지성의 힘,
BPR

코라오 그룹은 국적, 인종, 문화 등의 다양성이 가득한 '작은 지구촌'이라고도 할 수 있다. 어떻게 국가별, 사업별로 유기적으로 연결해 능동적으로 움직이게 할 수 있을까? 한국인과 현지인이 각개전투를 벌이는 것이 아닌 주인의식을 갖고 함께 의사결정을 할 수 있을까? 고민 끝에 만든 것이 'BPRBusiness Performance Review' 미팅이었다.

각 사업의 판매·생산·재고·구매·자금 담당자들은 현재 진행하고 있는 사업 현황을 리포트로 작성해 2주에 한 번씩 회의한다. 이 회의에는 법인장을 비롯해 각 사업 담당자가 참여하여 계급장 없이 동등한 위치에서 의견을 나눈다.

관계자들이 한자리에 모여 정보를 공유하면 스스로 알아서 움직이지 않을까? 바람이 부는 방향을 알면 배가 어디로 가는지 알 수 있고, 선원들도 노를 어느 방향으로 저어야 하는지 아는 것처럼 사업의 큰 방향을 안다면 직원들도 알아서 움직일 수 있을 것으로 생각했다. 그런데 기대 이상이었다. 코라오의 업무 소통 시스템 중 가장 성공한 것이 BPR 미팅이라는 것에 모두가 동의하고 있다.

집단 지성의 힘

BPR 미팅을 도입하기 전에는 각 나라의 법인장들 중심으로 업무가 진행됐다. 법인장에게 모든 정보가 모였고 이를 중심으로 방사형으로 업무가 추진되었다. 대한 자동차를 판매한다고 하자. 법인장은 판매 담당자를 불러 판매 회의를 한다. 시장 상황을 확인하고 지금까지 몇 대를 팔았고, 앞으로 몇 대를 더 팔 것인지 의논한다. 회의가 끝나면 법인장은 재고관리 담당자로부터 재고를 확인한다. 이후 법인장은 구매 담당자를 불러 예정 판매 대수를 알려주고 구매를 지시한다. 알겠다고는 했지만 구매 담당자는 왜 판매가 갑자기 이렇게 늘어났는지 알 길이 없다. 시장에 무슨 일이 생겼나?

그저 법인장이 시키니까 주문을 넣는다.

구매하려면 자금이 있어야 하므로 법인장은 이번엔 자금 담당자를 부른다. 자금이 없다면 법인장은 은행장을 만나야 한다. 법인장 혼자 슈퍼컴퓨터가 되어 모든 정보를 가지고 움직인다. 일주일 내내 회의에다 거래소 방문 등 눈코 뜰 새 없이 바쁘다. 법인장의 개인 능력에 따라 회사가 좌우된다.

그러나 BPR 미팅에서는 판매·생산·재고·구매·자금 담당자가 모두 한자리에 모여 그동안 법인장 혼자 듣던 얘기를 함께 듣도록 하면서 서로 질문하고 답을 찾도록 했다. 한 사람의 똑똑한 인재보다 집단 지성이 훨씬 합리적인 결정을 한다고 생각했기 때문이다.

판매 담당자가 이야기한다.

"6개월 동안 DT1 트럭을 1,000대 팔 계획입니다."

그러면 생산과 재고 담당자가 말한다.

"그때 되면 재고가 800대밖에 안 남습니다. 어떻게 1,000대 판다고 하십니까?"

이어 서로 조율 끝에 판매 계획을 바꾼다.

"그러면 고객으로부터 선 예약을 받도록 하겠습니다. 그 다음 달에 더 준비해주세요."

생산 담당자는 밤을 새워 생산해야 할 필요를 알고 전체 생산 수량을 계획한다. 판매 담당자는 구매 및 생산 현황과 회사의 자금 상황을 인지한다. 구매 담당자는 얼마만큼 구매해야 하는지에 책임감을 갖고 결정하며, 자금 담당자는 왜 돈을 빨리 더 준비해야 하는지 알게 된다. 다 같이 회의에 참여해 공동으로 의사결정을 하면 각자 뭘 해야 할지 알게 되고, 아주 디테일한 부분까지 참석자 스스로 조율이 가능해진다. 회사는 실수 없이 스케줄을 조정하며 공동 목표를 달성해간다.

공동 의사결정이 갖고 온 변화

2주마다 BPR 미팅을 하자 엄청난 변화가 일어났다. 직급과 관계없이 프로젝트별 각 부서 책임자와 담당자가 함께 회의에 참여하다 보니, 나이가 어려도 회의에 참석하며 임원 수준으로 회사의 비전과 시장 상황을 꿰뚫게 되었다. 그러다 보니 자연스레 자체적으로 인재가 양성되었다. 그래서 코라오는 어느 나라든 바로 내보낼 수 있는 인재가 많다. 물론 지금도 현재 진행형으로 양성되고 있다.

BPR 미팅 덕분에 법인장 회의 시간은 10분의 1로 줄었다. 시간이 많아진 법인장은 거래처를 확인하는 등 큰일만 챙기면 된다. 직원들은 회사의 큰 방향을 이해하고 있으니 책임감을 가지고 공동 경영을 하는 마음으로 일한다. 회사는 큰 실수 없이 목표를 향해 나아간다.

판매부터 구매, 자금 그리고 생산까지 모든 결정이 유기적으로 엮여 한 번에 결정되기 때문에, 개별적으로 있었던 수십 건의 회의가 사라지고 시간을 더욱 효율적으로 쓸 수 있게 되었다. 궁극적으로는 공동으로 의사결정을 하면서 지위가 높고 낮음에 상관없이 모든 직원의 자부심과 애사심이 높아졌다. '책임 경영' '오너 마인드'라는 이상적 조건이 일상적으로 갖춰졌다.

모럴해저드는
어디에나 있다

신흥국에 진출한 외국계 기업들은 도덕적 해이로 인한 문제들을 종종 직면한다. 잘나가는 외국계 기업의 돈은 좀 빼먹어도 된다고 생각하는 사람들이 왕왕 있어서 그렇다.

믿음을 제도화하라

한국도 한창 경제 발전을 할 1970~1980년대 당시 도덕적 해이를 개선하기 위해 많은 노력을 기울였다. 삼성은 직원들에게 최고의 연봉과 복지혜택을 약속했고, 모든 경비는 회사에서 처리토록 했다. 접대가 필요한 업체들과는 아예 거래를 끊었다.

신흥국에서는 보통 급여가 200~500달러밖에 안 되는데, 우리가 취급하는 자동차 부품 하나만 해도 1,000달러가 넘는 게 많다. 영수증 하나 고쳐 물건을 빼돌리면 한 달 월급이 떨어진다. 그러다 보니 문제가 비일비재하게 일어난다.

만일 이들의 급여가 연봉 1억씩 된다면 이런 모험을 할까? 인간 만사가 그렇다. 해외 사업을 하는 사람들은 도덕적해이 문제로 동남아시아 사람들을 폄하해선 안 된다.

우리 회사라고 그런 일이 없는 것은 아니었다. 그럴 때마다 우리의 시스템이 잘못된 것이라 생각하곤 했다. 처음부터 작정하고 입사한 직원은 없다고, 한두 번 작게 회사 자금에 손을 댔을 것이고 결국 바늘도둑이 소도둑이 되어 대형 사고로 발전한 것이라고 말이다. 이렇게 만든 회사 책임이 크다고 생각하니 직원들을 엄하게 문책하면서도 아픈 마음은 어쩔 수가 없었다.

회사는 꾸준히 시스템 보강과 포상을 통해 직원들이 쉽사리 불미스러운 유혹에 넘어가지 않도록 해야 한다.

나아가 회사에서 주는 월급과 보너스만으로도 잘살 수 있다는 걸 알려줘야 한다. 회사와 함께 성장하는 것이 몰래 뒷돈을 챙기는 것보다 훨씬 더 유리하다는 걸 실제로 증명해 보여야 한다. 이런 믿음과 인식이 어떤 물리적 제도와 감시 감독 카메라보다도 강하다.

결정권 위임

다국적 직원이 모여 있는 외국계 기업일수록 크고 작은 의사 결정에 조심스러울 수밖에 없다. 진급이나 해고, 급여와 보너스, 인센티브 같은 문제들, 혹은 법적인문제가 발생할 때가 있다. 이때 형사법으로 처리할지, 민사법으로 처리할지, 경고할지, 해고할지 등을 외국인 임원이나 법인장이 일방적으로 결정하면 현지인의 반감을 살 수 있다. 직급을 넘어 각 국가의 문화와 공감대를 반영할 필요가 있었다.

고민 끝에 위원회를 만들었다. 영어로 '커미티committee' 다른 수식어 없이 그저 위원회라 명했다. 커미티는 모든 부서의 현지인 총괄이 모여 주요 인사나 조직관리 등의 현안, 상벌 등 민감한 사안들을 의논해서 결정한다.

현지 직원들도 외국인의 시각이 아니라 자신과 같은 현지인의 시각으로 현안들이 결정되는 것에 대해 안심하는 듯했다. 적어도 부당하다거나 불평등하다는 심리적인 거부감은 없는 듯하다. 현재 커미티 인원은 80~90여 명 정도이며, 임기는 따로 정해져 있지 않다. 부서장이 바뀌면 해당 부서의 커미티 멤버도 자동으로 교체된다. 커미티 멤버가 되면 애사심과 책임감이 크게 높아진다고 한다.

봉사활동에 복지까지 챙겨

커미티가 확대되면서 인사와 조직 관리뿐만 아니라 봉사활동, 기부 펀드 조성, 복지 등 다양한 영역으로 활동을 넓혀가기 시작했다. 헌혈을 하고, 토요일 아침마다 코라오 유니폼을 입고 도로 청소를 하며, 주말마다 쌀 나누기와 우물 파주기를 하는 것 또한 모두 커미티에서 자발적으로 수행한 활동이다. 이런 일련의 활동은 코라오의 이미지를 긍정적으로 향상시켰고 내적으로는 직원들의 회사에 대한 자부심과 연대감을 높여 모럴헤저드 문제 해결에 크게 기여했다.

복지펀드를 조성할 당시 임원들이 먼저 1만 달러 정도의 초기 자금을 마련했다고 하여 나도 비슷한 금액을 보태기도 했다. 이후 십시일반으로 일반 직원까지 참여해 기금을 불렸다. 출자한 사람은 언제든지 원금에 이자까지 되찾아갈 수 있다. 자판기 등 작은 사업도 운영해 어느 정도 기금이 늘어나자 급전이 필요한 직원에게 은행이자보다 낮은 이자로 빌려

주기도 하고, 발생한 수익금으로 어려움에 처한 직원들을 돕기도 했다. 현재는 기금이 1~2억 원 이상으로 늘어났다. 이 기금으로 수익성 사업을 계속하면서 직원들의 복지와 활동비로 쓰고 있다.

코로나 사태가 터졌을 때였다. 회사는 그저 월급을 동결하는 정도로 위기를 넘겨 볼 생각이었다. 그런데 커미티에서 20% 인원을 감축해야겠다는 것이었다. 각 사업장 담당자들과 회의를 하더니 급여도 30% 삭감하는 것으로 결정을 내렸다.

그때는 내가 오히려 반대했다. 급여를 깎는 것도 마음이 아픈데, 인원만큼은 그대로 두자고 했다. 그러자 커미티에서 먼저 나서서 코로나 기간 동안 급여 삭감과 직원 감축을 하겠다는 것이었다 .

코로나가 종료되면 직원이 다시 필요하지 않겠냐고 했더니 그때 가서 뽑으면 된다는 거였다. 대신, 감축한 직원들을 우선 채용한다는 조건으로 정리하겠다고 했다.

커미티는 코라오 그룹의 회장인 나보다 먼저 회사를 걱정하며 자발적으로 움직인다. 커미티 멤버들에게 항상 감사할 따름이다.

해외에서의 리스크는
특별한 관리가 필요하다

리스크 없는 사업은 없다. 한국에서든 해외에서든 마찬
가지다. 없앨 수 없는 리스크를 어떻게 최소화할 것인가?

모든 것을 문서로 남겨라

그 나라에서 오래 생활한 사람의 경험과 조언은 참고만 해야
한다. 무조건 믿고 행동으로 옮기면 안된다. 모든 절차는 외
국인 투자법을 잘 확인하고 따르는 것이 기본적으로 중요하
다. 외국인과 합자 관계에 있을 때는 법무법인을 통해 계약

서를 꼼꼼하게 작성하고, 회의록부터 시작해 모든 것을 문서로 남긴다. 너무도 당연하지만 이런 것부터 잘 챙기는 것이 리스크 관리의 첫 번째이다.

이는 상대를 믿고 못 믿고의 문제가 아니라 기업을 운영하는 이의 기본사세이다. 이는 나를 지키고 상대방을 지켜주는 일이기도 하다. 우리가 무엇을 어디서부터 어디까지 해야 하는지, 각자 역할과 업무 범위를 정리해놓으면 오히려 더 신뢰한다. 쉽게 대충 넘어가면 상대가 진심으로 사업할 생각이 없는 것으로 간주할 수도 있다.

향후 분쟁이 생겼을 때를 위해 정확하게 적어두라. 그러면 오히려 상대가 더 신뢰한다. 수십년이 지나면 현재의 사람들은 모두 떠나고 문서만 남는다. 그것이 매사 의사 결정의 기본이 될 것이다.

대박 났을 때를 생각하라

사업이 망했다면 이미 망한 것이니 무슨 리스크가 있겠는가? 사업을 시작할 때는 내 능력에 대한 리스크밖에 없다. 당장의 리스크를 보지 말고 성공했을 때의 리스크를 대비해야 한다.

보이지 않던 리스크가 터지는 것은 회사가 잘나갈 때의 일이다. 사업이 대박 나거나 이윤이 크게 생기면 분쟁이 생기기 쉽다. 그래서 사업이 잘될 때를 상상해 그때 일어날 수 있는 리스크 해법을 서류로 남겨놓거나 보호할 제도를 만들어놓아야 한다.

코라오도 처음엔 아무도 관심을 갖지 않던 기업이었다. 그러다 코라오가 자동차 시장의 절반 이상을 점유하자 사람들의 태도가 확 달라졌다. 처음 라오스에 투자했을 때 라오스 정부는 한국 사람이 아무도 거들떠보지 않는 나라에 와서 사업을 한다고 박수를 쳐주었다. 그러다 현지인과 경쟁하기 시작하고 시장 우위를 점할수록 정부는 태도를 바꾸어 코라오를 지속적으로 감시했다. 경쟁자들은 온갖 인맥을 동원해서 흔들어댔다. 대박이 나니까 리스크가 불거지기 시작한 것이다. 다행히 처음 사업을 시작할 때부터 회사 규정과 원칙을 만들고 세금, 법규 준수등을 지켜왔기에 리스크 관리가 가능했다.

반복하지만, 사업이 대박 났을 때 발생할 수 있는 모든 리스크를 상상해서 미리 준비해야 한다. 경쟁자들이 우리를 주시하다 갑자기 고발하기 시작하고, 특별 세무조사가 나오고, 압수수색이 이뤄졌을 때도 문제가 없도록 관리해둬야 한다.

절대 내 생존권을 포기하지 마라

합자도 마찬가지다. 경영은 지분이 0.1%만 더 있어도 그 사람이 주도권을 가질 수밖에 없다. 회사의 주도권은 책임을 나누는 영역도 되기 때문에 50 대 50은 피하라고 말하고 싶다. 할 수 있으면 주도권을 잡고 시작하고, 회사와의 시너지를 위해 필요한 사업이지만 직접 관리할 수 없는 것은 주도권을 넘겨버리는 게 낫다.

그러나 다른 건 양보해도 절대 나의 생존권과 권리를 포기하는 것을 받아들이면 안 된다. 설혹 지분이 작다 해도, 특별결의로 뭐든 다 바꿀 수 있어도, 정관도 바꾸고 다 바꿀 수 있어도, 최소한 내 생존권에 대한 것은 분명히 해야 한다. 내 지분율을 떨어트릴 수 없도록 하고, 회사를 다른 사람한테 가볍게 팔지 못하도록 문구로 콕콕 못을 박아두는 게 필요하다.

사업이 대박 나면 당연히 욕심이 생긴다. 독점하고 싶고 어떻게든 지분을 더 가지려 하거나 문제를 만들어 쫓아 보내려 할 수 있다. 이 상황을 예상해 처음부터 대비해야 한다.

내 생존권 요구에 대해 처음부터 아예 못을 박아놓아야 한다. 상대가 이를 받아들이지 않는다면 그것은 사업 초기 내기술과 능력만 가져가고 끝까지 함께할 마음이 없다는 뜻이니, 그와는 사업을 진행하지 말아야 한다. 제대로 된 파트너는 얼마든지 있기 때문이다.

처음부터 빈틈없이 촘촘하게 계약서를 작성해 놓으면 욕심부릴 생각을 안 한다. 오히려 함께 성장하는 데 초점을 맞춘다. 그러면서 영구적인 파트너가 되는 것이다. 처음부터 어설프게 해놓으면 오히려 빌미를 제공하는 꼴이 돼버린다. 상대가 나쁜 생각을 하게 만든 것도 어찌 보면 내 무능함 때문이다.

내 가치와 존재감이 유지되는 방법으로
리스크를 관리하라

보통 합자회사를 할 때는 서로의 기술과 노하우를 공유하고 두 회사의 장점을 살려 양사가 지분을 출자한 별도 법인을 만든다. 그러면서 축배를 든다. 하지만 난 이걸 독배라고 생각한다.

코라오 그룹은 중국 산둥성 제남시에 있는 칭치모터스와 합자를 진행했다. 중국에선 10대 그룹에 들어가는 대기업인데 왜 코라오와 합자를 하려 할까? 아마도 우리 기술과 브랜드가 필요해서였을 것이다.

합자를 통해 오토바이 사업이 대박 났다고 생각해보자.

우리 기술과 라이선스를 다 가져가고 난 뒤에도 칭치모터스는 코라오를 필요로 할까? 합자회사의 신기술은 자연스럽게 중국 회사에 흘러들어갈 것이고, 그러면서 더 이상 얻을 것이 없어지면 합자회사는 자동으로 갈라질 것이다.

같은 논리로 보자. 오늘 아무 문제가 없다 해도 대박 났을 때 과연 아무 문제가 없을까? 우리의 필요성이 지속될까? 그래서 난 이런 제안을 했다.

"칭치모터스는 당신들의 브랜드고 KR모터스는 우리 브랜드니, 칭치·KR 브랜드를 함께 쓰는 걸로 해서 합자회사를 만듭시다. 단, 지금의 칭치모터스는 폐업하고 합자회사에 모든 자산을 옮기는 조건을 받아들이면 같이 하겠습니다."

칭치모터스 쪽에서는 당황하는 빛이 역력했다. 그래도 우리의 기술과 노하우가 필요했던지 한참을 고민하더니 승락했다. 칭치모터스가 잘되는 것이 칭치·KR이 잘되는 일로 만들었다. 본사 쪽으로 기술을 이전한다거나, 나눠 먹는 것을 아깝다고 생각할 수 없도록 아예 원천적으로 차단했다.

그러자 칭치·KR 모두 한배를 탄 식구가 되었다. 그럼으로써 50년, 100년도 이어갈 수 있는 파트너십이 만들어졌다.

검은 딜의
유혹

인도차이나뱅크를 오픈했을 무렵이다. 미국 대사관의 경제 담당 1등 서기관이 면담을 요청했다. 그동안 "한국계 기업인 코라오가 성장하는 걸 지켜봤다"며 "뒷거래도 없고 이권 사업에도 손을 대지 않는 듯한데 어떻게 불법 행위 없이 성공할 수 있었냐"고 물었다. 작은 사업 하나 하려 해도 뒷돈을 주지 않으면 진행이 안 되는 시장이기에 미국 기업이나 글로벌 기업은 진출하지 못하고 있는데, 코라오의 노하우를 알고 싶다는 것이었다.

기업의 원칙과 철학에 따라
요구도 달라져

미국 대사관 서기관이 다소 진지한 얼굴로 물었다.

"농장도 운영한다던데, 만일 정부 사람들이 회식한다고 소를 달라고 하면 어떻게 하나요?"

라오스는 사회주의 국가이면서 개발도상국이다 보니 정경유착이 심한 편이다. 하지만 기업의 원칙과 철학에 따라 정부나 국민이 기업을 바라보는 시선도, 요구도 달라진다.

가령 내가 공무원이라고 하자. 어떤 기업이 국가 발전에 별 도움도 주지 않으면서 이익만 빼가는 알짜배기 사업 허가를 계속 요구한다면 어떻게 할까. 아마도 커미션이 없다면 별로 움직이고 싶지 않을 것이다.

중국이나 다른 국가의 기업에 사업 허가를 내주면서 몇만 달러씩 커미션을 요구하기도 한다. 그러나 코라오는 뒷거래 없이도 민간기업 1위에 우뚝 섰다. 뒷거래나 커미션 대신 공식적인 지원을 아끼지 않았다. 자동차 같으면 상공부, 은행은 재무부와 중앙은행 등 우리의 사업과 관계되는 부서에 필요한 것을 통 크게 지원했다.

예를 들어 산업부가 아세안 국가 전체 산업부 장관회의를 라오스에서 개최하면 코라오는 호텔 등 필요한 경비를 지원하고, 아세안 정상회의를 개최하면 차량을 비롯한 관련 비용 전액을 후원했다. 관련 부서의 연말 파티도 타 부서와는 비교도 안 될 만큼 풍성하게 치를 수 있도록 공식적으로 협력했다. 정부가 여는 크고 작은 행사에 자금이 많이 필요한데 그런 것들을 코라오가 아끼지 않고 지원했다.

이권에 따라 담당 직원에게 롤렉스 시계를 선물하고 명품 가방이나 현금 보따리를 건네는 기업은 무수히 많지만 코라오는 국가적인 행사를 공식 지원하여 그 나라와 관련 부서의 품격을 세워주었다.

또 국가 재난이 생기면 제일 먼저, 가장 많이 기부했으며, 교육 시설이나 국민의 질을 향상하기 위한 기반 시설을 위해서도 정기적으로 꾸준히 후원하고 있다. 빈곤 퇴치나 깨끗한 물 마시기 프로젝트, 의료 및 장애인 지원, 비엔티안시 복원 사업, 장학금, 지역사회 학교 설립 등 사회공헌 활동을 꾸준히 수행하고 있다.

이런 연유로 코라오가 요청하는 사업 허가는 신뢰를 바탕으로 우선 처리해주었다. 인도차이나뱅크가 대표적인 사례다. 단 2주 만에 사업 허가가 떨어지는 기적 같은 일이 발생했고 덕분에 오히려 준비가 부족해 오픈 날짜를 몇 번이나

연장하기 위해 노력한 웃지 못할 해프닝도 있었다. 이곳 공무원들에게도 애국심은 있다. 이들은 사욕보다 국익을 우선하는 코라오를 신뢰의 동반자라고 생각한다.

뒷돈 대신 공익활동

미국 대사관의 경제 담당 1등 서기관이 다시 말을 이었다. 지금까지 코라오가 잘해왔지만, 은행은 자동차와 다르다며 많이 우려스럽다고 했다. '곧 부실 은행으로 이어질 것'으로 보고 있다는 것이었다.

"분명히 고위층의 압박이 들어올 겁니다. 만약에 그 사람들이 부실기업 대출을 요구하거나 본인들 명의로 대출을 요구하면 어떻게 거절할 건가요? 거절하고도 살아남을 수 있다고 생각하나요?"

다행히 그런 일은 없었다. 개인적으로 부탁할 것은 다른 라오스 은행에서 가능할 테니 굳이 우리 은행까지 와서 부탁할 필요가 없었을 것이다. 이 나라와 국민을 위한 은행이란 것을 정부와 국민 모두 잘 알고 있기 때문이었다.

나 자신에게도 세 번의
기회를 주세요

"왜 라오스에서 성공했나요?"

"왜 베트남을 떠나지 않으세요?"

더 넓은 세상이 있는데 왜 라오스에서 성공했냐는 질문을 받았을 때 선뜻 대답하기 어려웠다.

분명한 것은 돌아갈 곳이 없었다는 사실이다. 너무 힘들고 지치고 무기력했던 그때, 밥 한 끼 제대로 못 먹던 그 시절에, 만일 누군가 은혜를 베풀어 한국에 누울 방 한 칸이라도 마련해 줬다면 거기서 안주했을지 모른다. 실패의 잿더미에서, 정말 한순간도 머물고 싶지 않은 이 타향에서 돌아갈 곳이 없다 보니 그냥 눌러살 수밖에 없었다.

넘어진 자리에서 일어서기

어쨌든 살아 있다 보니 망가진 몸도 챙기고, 실패의 아픔도 조금씩 치유하며 원인을 되짚어보았다. 그러면서 조금씩 기력을 되찾았다. 그때 남미나 아프리카 같은 또 다른 이머징 마켓으로 향했다면 어떻게 되었을까? 넘어졌던 그 자리에서, 가장 많이 상처받았던 그곳에서 다시 시작한 것이 가장 큰 재기의 원동력이 되었다. 그 당시 당장 꼴도 보기 싫다며 아주 먼 나라로 갔다면 아마도 눈뜬장님이 되어 또다시 잘못된 길로 들어섰을지도 모른다.

넘어진 자리에서 다시 일어선 것, 실패의 경험이 지식과 노하우로 쌓여 있는 그 나라에서 다시 시작한 것이 주효했다. 나 자신에게 세 번의 기회를 주라는 말이 여기서 비롯된 것이다. 친구가 잘못해도 세 번은 기회를 주면서 왜 내게는 그런 기회를 못 주는 것일까. 내가 실패한 나라에서 세 번은 도전해봐야 그것이 가치 있는 경험과 지식으로 돌아온다. 다른 나라에 가면 내 실패가 전혀 도움이 되지 않는다.

망하는 시나리오 쓰기

넘어진 그 나라에서 나에게 세 번의 기회를 줄 것. 건강한 육체와 건강한 정신을 가질 것. 그러면 실패는 성공의 지혜가 된다. 여기에 하나를 더 보탠다면 최악의 경우를 가정해 망하는 시나리오를 같이 썼으면 좋겠다.

사업을 시작할 때 대부분 사업계획서를 쓴다. 그때 성공 시나리오와 함께 실패 시나리오도 같이 써보는 것이다. 사업을 해서 성공할 확률은 한 자릿수 미만이고, 지속 가능한 경영 또한 한 자리 숫자 미만이다. 성공 확률보다 실패 확률이 더 높은데, 실패를 예상하는 시나리오까지 준비해놓으면 실패를 딛고 훗날 재기하는 데 반드시 도움이 된다.

나는 본능적으로 그걸 계속 써왔던 것 같다. 리스크를 최소화한다는 것이, 대박 났을 때 벌어질 수 있는 시나리오를 미리 준비하는 것이라면, 실패 시나리오는 '재기를 위한 안전장치'이다.

당신이 망했다고 가정해보자. 실패 시나리오를 쓰고 사업을 시작하면 무리한 시도도 안 할뿐더러, 정말 망할 경우가 생겨도 의연하게 대처할 수 있다. 예상했던 일이 왔을 뿐이고, 실패한 이후에 배우게 되는 세상은 그 이상의 금전적 가치가 있다. 날린 돈과 비교할 수 없는 가치가 있다.

실패 시나리오를 써보라고 하면 생각조차 하기 싫다는 사람들이 많지만, 난 지금까지 본능적으로 그걸 써왔다. 그래서 몇 번의 실패에도 불구하고 재기할 수 있었다.

말해줄게,
코라오의 핵심 경쟁력

코라오가 하는 사업마다 성공하는 핵심 경쟁력이 무엇이 냐는 질문도 강연 때마다 꼭 한 번씩은 듣는다. 코라오의 핵심 경쟁력은 '현지화' '복합화' '공유화' 세 가지로 요약할 수 있다.

현지화

코라오의 성공 비결을 철저한 현지화 전략과 사회책임 경영 이라고들 한다. 틀린 말은 아니다. 복합화나 공유화도 현지화를 토대로 구현할 수 있는 경영전략이기 때문이다.

현지화란 그 나라 국민이 아무런 편견 없이 로컬기업과 동일한 관점으로 바라봐주는 상태를 말한다. 브랜드가 알려지고, 소비자들이 우리 제품이나 우리 서비스에 만족하고, 이 나라의 발전과 함께하는 기업이라는 믿음이 있고, 지속적인 사회 환원으로 기업이 존경받을 때, 비로소 현지화된 기업이라 할 수 있다.

회사 내부적으로는 현지 직원들이 현지 기업보다 우리 기업을 더 사랑하고 내 자식들에게까지 추천하고 싶은 회사가 되어야 한다. 현지 경영인들이 많이 참여하도록 해 현지 기업과 동일한 의사결정과 판단을 할 수 있도록 해줘야 한다. 코라오는 현재 7,000명 정도의 인력을 고용하고 있는데 이 가운데 95%가 라오스인이다. 그러기 위해서는 우리가 만든 제품은 우리가 끝까지 책임진다는 책임 경영과 믿음이 기본 바닥에 깔려 있어야 한다.

복합화

복합화란 '누수 없는 밸류체인'이라고 할 수 있다. 연관된 사업의 연결 및 융합을 통해 시너지를 만들어가는 것이라고도 할 수 있다.

자동차 사업은 자동차를 제조, 생산, 판매해 이익을 창출하고, 판매 시에는 인도차이나뱅크를 통해 금융 상품도 함께 제공한다. 또한, 판매된 차량의 A/S와 부품 판매로 지속적인 수익을 창출하며, 고객이 타던 차량을 새 차로 교환할 경우 대차 서비스도 제공한다. 한번 연결된 고객은 계속 우리 서비스 밸류체인 안에 머무르게 된다.

최근에 시작한 유통 사업도 마찬가지이다. 전국에 오프라인 매장 2,000개를 포진시켜 유통망의 거점 역할을 하게 만들었다. 이 오프라인 거점들은 온라인 쇼핑과 무료 배송 서비스와 연계되며, 인도차이나뱅크의 비대면 은행 서비스 거점으로도 활용된다.

기존의 오프라인, 자동차, 마트, 편의점 등을 온라인과 융합하여 복합화하고 있다. 일단 시장을 선도한 후 이 사업과 연관한 시장을 지속해서 만들어내는 것, 그 사업들이 서로 시너지 효과를 낼 수 있도록 촘촘하게 엮는 것, 이것이 코라오의 '밸류체인' 전법이며 '연속안타' 전략이고, 한 번 캐면 줄줄이 엮여 나오는 고구마 줄기 이론이기도 하다.

공유화

공유화란 한마디로 '국민 참여'이다. 콕콕 마트는 농산물을 전국으로 유통할 수 있는 판로를 제공했고 그동안 소일하며 지내던 농민에게 동기를 부여했다. 그러면서 조금씩 농민들의 소득이 늘고 있다. 각 지방자치단체장과 농어민들도 앞다퉈 콕콕 마트와 콕콕 메가몰과 업무 협약을 맺었고, 그러면서 지역별로 유통망이 구축되었다.

콕콕 마트의 경우 우리 회사가 직영점으로 출자하면 더 많은 이익을 가져갈 수 있지만 마을별로 하나씩 편의점을 열어 현지인들이 운영토록 했다. 그리고 이윤을 15% 이상 보장해주는 프랜차이즈 개념을 도입했다. 제품은 우리가 공급하지만, 관리는 본인이 해서 본인 사업으로 운영하는 것이다. 마을이 홍보하고 마을에서 영업하는 방식이다.

라오스는 마을 단위로 끈끈하게 맺어져 있다. 아직 모계 사회의 전통이 남아 있기 때문이다. 그러다 보니 콕콕 마트에 대한 브랜드 인지도는 언론 홍보나 브랜드 홍보보다 더 강력한 마케팅 효과를 얻고 있다.

이처럼 코라오의 사업은 대부분 국민과 나누는 모델이다. 시너지를 내는 사업들끼리 묶여 있고 각각 달라 보이지만, 유기적으로 연결되어 있으며 국민이 함께하고 있다. 그러다 보니 국민이 존경하는 현지화된 기업으로 자리매김할 수 있었다. 이것이 바로 코라오가 갖고 있는 가장 큰 경쟁력이다.

내 이상형의
사람이 되기

해외에서 어떻게 하면 적응을 빨리할 수 있을지에 대해 물어오는 분도 많다. 물론 적응을 빨리하는 건 좋은 일이다. 하지만 낯선 환경에서 시작하는데 이왕이면 알을 깨고 나오듯 완전히 새롭게 태어나보면 어떨까. 변신할 수 있는 절호의 기회로 삼아보는 것이다.

한국에서 새 직원이 오면 늘 해주는 얘기가 있다.

"오늘 여기까지 온 것은 당신이 열심히 살아왔기 때문이다. 당신만의 차별화된 경쟁력이 하나는 있기에 우리 회사에 채용된 것이다. 자부심을 가져라."

여기에 더해 "이 기회를 자신을 새롭게 창조하는 기회로 삼으라"고도 말해준다. 해외에서 일하는 것은 자신의 이상형대로 스스로를 다시 세팅할 수 있는 절호의 기회이다. 어차피 해외에서 만난 사람들은 과거의 당신을 모른다. 오늘이 모습이 당신이라고 생각한다.

평소 닮고 싶었던 성격, 행동, 당신이 존경하는 사람의 말투, 자세, 패션, 인격 등 이런 것들을 하나하나 그려 내가 그런 사람이라고 생각하고 행동하라. 그런 경험이 한 번쯤은 있을 것이다. 혼자서 장거리 여행을 한 후 완전히 다른 사람이 되어 돌아왔다고 생각했는데, 주변에선 여전히 예전의 나로 대할 때 나도 모르게 다시 원점으로 돌아온 그런 경험 말이다.

한국에서는 자신에 대한 고정관념이 있지만 해외에서는 어떤 모습을 보여도 원래 그런 사람으로 받아들인다. 두세 달 정도만 지속하면 습관이 돼서 원래 그런 사람이었던 것처럼 생각되고, 몇 년 지나서는 이상형으로 꿈꿨던 그 모습으로 바뀌어 있는 나를 발견하게 될 것이다. 그러면 인생도 달라진다. 그 모습에 걸맞은 내가 되어 행복이 달라지고 만족도가 달라진다.

빨리 적응하는 것보다 새로운 나라에서 새로운 내 모습을 어떻게 세팅하느냐가 더 중요하다. 모든 사람이 내가 이상형으로 생각하는 그런 모습으로 나를 봐주니까 자존감도 높아지고 이 나라에 사는 게 행복할 수밖에. 하루하루 적응하려 노력할 필요도 없다. 사는 게 그냥 행복이 된다.

이미지는 타고난 것이 아니라 만들어가는 것이다. 본인을 이곳에서 재창조하는 것이다. 내 이상형의 페르소나가 되어 매일을 살아가는 것. 멋지지 않은가.

나의 멘토는
미래의 나

"회장님 멘토는 누구세요?"

"해외에선 친구도 없고 멘토도 없을 텐데 누구와 의논하세요?"

청년들이 종종 하는 질문이다. 주변에 멘토가 있다는 건 정말 행운이다. 나도 한창 어려울 때 형이라도 있었으면 좋겠다는 생각을 많이 했다. 정답지처럼 문제의 답을 콕 집어 알려준다면 얼마나 좋을까.

산도 나무도 모두 나의 멘토

모빌리티 플랫폼 앱 '콕콕 무브'를 개발한 이들은 MZ 세대의 표본인 아주 젊은 친구들이다. 대표부터 직원까지 대부분 잘파Zalpha 세대다. 회의가 끝나면 이들은 사업에 대해, 동남아에 대해, 때로는 인생에 대해 따로 묻곤 한다. 그들의 질문에 답하며 내가 먼저 걸어온 길을 일러줄 수 있다는 것에 행복을 느낀다. 나이 차이도 잊은 채 이들과 대화하는 게 즐겁기만 하다. 요즘은 오히려 젊은 친구들에게 배워야 한다.

주변에 멘토는 많으면 많을수록 좋다고 생각한다. 멘토라고 해서 꼭 유명한 석학이나 스승일 필요는 없다. 나보다 어려도 좋고 나이가 많아도 좋다. 경험의 많고 적음과 상관없이 그 사람들의 말을 열린 마음으로 경청한다면 그들이 모두나의 멘토가 될 수 있다.

멘토는 내가 길을 잃었을 때 또는 뭔가 고민이 있을 때 어디로 가야 하는지 어떻게 해야 할지 알려주는 사람이다. 그런 의미에서 해외에서의 멘토는 그 나라 친구들, 그 나라에서 오래 산 사람들이다. 그들이 보는 관점에서 조언해주는 것이 무척 유용하다. 내가 아니라 그 사람들이 나를 바라보는 관점에서 조언을 구하는 것이다. '내가 뭘 할까'가 아니라 '내가 여기에서 무엇을 하면 좋을 것 같아?'라고 묻는다. 이렇게 물으면 그 사람들 말 하나하나가 다 멘토가 된다. 좋은 조언이 될 수 있다.

한국에선 서로 비슷한 사람들끼리 비슷한 조언만 주고받는다. 이와 달리 해외에서는 다양한 관점의 이야기가 나올 수 있다. 난 지금까지 그렇게 내 주변의 산과 호수도 나의 멘토라고 생각하며 살았다. 나보다 이 땅에서 더 오래 살았고, 이 나라를 나보다 더 잘 알기 때문이다. 해외에서는 그런 마음가짐이 중요하다.

나의 진정한 멘토는 미래의 나

결국에는 나 자신이 스스로 멘토가 되어야 한다. 아무리 현명한 사람의 말을 따른다 해도 결국 결정은 내가 내려야 한다.

지금 이 일을 어떻게 결정하는 게 좋을까? 현재의 내가 미래의 성공한 나에게 물어보아야 한다. 미래의 성공한 나라면, 성공한 내 지위에서라면, 성공한 내 회사의 규모에서라면 오늘의 이 문제를 어떻게 결정할까? 정말 중요한 지점이다.

성공의 톨게이트를 통과하려면 반드시 거쳐야 할 절차가 있다. 내 인생의 현주소는 지금까지 내가 선택한 생각과 행동의 결과이다. 내가 어느 수준에 올라갔다면 반드시 한 단계 한 단계 검증의 시간이 온다. 알게 모르게, 적에 의해, 악운에 의해 공격을 받을 수 있다. 이 모든 걸 통과했을 때 주류 사회에 진입하는 것이고, 비로소 성공이란 타이틀을 달 수 있다.

큰 의사결정을 할 땐 나 스스로가 나의 멘토가 되어야 한다. 그것도 미래의 성공한 내가 현재의 내 멘토가 되어야 한다. 이 결정이 미래의 성공한 나에게 어떤 영향을 끼칠지 생각해보고 결정해야 한다. 그러면 냉정과 현명함이 함께할 것이다.

해외 진출을
꿈꾸는 이들에게

　　현재 해외에 있거나 해외로 진출하려는 젊은이, 그리고 사업을 준비하는 이들에게 경험에 비추어 5가지 정도를 조언하고 싶다.

　　첫째, 한번 한 약속은 '무조건' 지켜야 한다. 작은 약속이든 큰 약속이든 항상 메모하고 '무조건' 지킨다. 그냥 지나가는 소리로 한 약속이라도, 남들은 다 잊었어도 우직하게 바보처럼 약속을 지킨다. '이 친구 혹시 결벽증 있는 거 아니야'라고 놀림을 받을지도 모른다. 이상한 사람으로 취급받을 수도 있다. 그래도 한 번 한 약속은 무조건 지킨다. 그런 태도가 1년, 2년 쌓이다 보면 '약속은 무조건 다 지키는 사람'으로 각인된다.

나는 지키지 못할 약속을 하지 않는다. 정 곤란하면 아예 침묵한다. 끝까지 답을 하지 않는 것은 약속을 안 한 것이니까 말이다. 아무리 작은 약속이라도 신중을 기해야 한다.

어느 순간 '저 사람은 약속은 꼭 지키는 사람이야'라는 인식이 박히면 전폭적인 신뢰가 고스란히 돌아온다. 이는 사업가에게 프리패스가 주어지는 것과 같다.

둘째, 늘 준비해야 한다. 초등학교 때였다. 제복 입는 것이 너무 좋아서 부모님을 졸라 보이스카우트에 가입한 적이 있었다. 슬로건이 '차리고 있다'였다. 늘 준비하고 있다는 뜻이다.

이때부터 나는 내가 준비하고 있지 않으면 기회가 와도 내 것이 되지 않는다는 걸 지켜보며 살아왔다. 그래서 주문처럼 '준비해야지, 늘 준비하고 살아야지'라고 되뇌었다. 강박처럼 늘 준비해왔다.

코라오 그룹 회장을 맡은 지금도, 새로운 사업을 시작할 때도, 시작하기 위해서도 늘 준비한다. 최근 유통 사업을 시작했지만 앞으로 5년 후 어떻게 될까 예측하며 미리 준비하고 있다. 경험에 대한 준비, 지식에 대한 준비, 그래서 책도 보고 공부도 한다. 사업이 확장되었을 때 내려야 할 결정에 대해서도 미리 준비한다.

가령, 오프라인 유통망인 콕콕 마트에서 메가몰로, 그리고 메가몰을 다 짓고 난 후 주변의 신도시 조성까지 몇 년을 내다보고 미리 준비하고 있다. 직원들은 내게 항상 새로운 아이디어가 많다지만 사실 난 처음 시작할 때부터 미래에 대해 준비하고 있었다.

항상 준비하고 있어라. 미래의 내 운명에 다가올 무언가를 상상하고, 그 상상 속에 있는 그것 중 내가 꼭 이루고 싶은 것들을 생각하고, 그것을 가질 자격이 있는 내 몸과 마음과 지식을 준비하라.

셋째, 무조건 재미있게 살아야 한다. 재미있게 사는 것에도 여러 종류가 있겠지만 이왕이면 '일하는 재미'를 느끼라 권하고 싶다. 하루의 3분의 2를 일터에서 보낼 텐데, 그걸 즐기지 못하면 안 된다. 일을 즐길 수 있으면 나머지 3분의 1의 시간이 좀 외롭고 쓸쓸해도 괜찮다.

재미와 기쁨, 인생의 만족을 줄 수 있는 나라를 찾아라. 나의 이익뿐 아니라 파트너, 가족 그리고 그 나라 국민을 행복하게 하는 일을 찾아라. 혼자만의 짜릿한 재미보다 여러 사람이 행복한 모습을 보는 기쁨이 더 크다는 것을 알면 좋겠다.

넷째, 해외에 진출했을 때 절대 서두르지 않아야 한다. 젊은이에게는 시간이 많다. 그러니 서두르지 말았으면 한다.

부자들을 보면 천천히 지켜보며 기다렸다 확실한 하나에 베팅한다. 그리고 다시 기다렸다가 또 하나에 베팅한다. 여유를 갖고 하나씩 확실한 것에 표적 투자를 한다. 그러다 보니 실패도 별로 없다. 그런데 가난한 사람들은 성급하게 이것저것 베팅하다 보니 실패가 잦고 때로는 완전히 쓰러져 일어나지 못한다.

젊다는 것은 '시간 부자'라는 뜻이다. 부자란 여유가 있다는 것이 아닌가. 1~2년 정도 여유 있게 보내도 전혀 문제없다. 오히려 나이가 든 사람들에게 시간이 별로 많지 않다. 나이 든 사람들은 시간 가난뱅이다. 그런데 시간 가난뱅이들이 훨씬 오랜 시간을 들여 신중하게 투자하고, 시간 부자인 젊은이들은 오히려 투자도 사업도 서두른다.

당신은 젊다. 시간 부자답게 여유 있게 행동하라!

다섯째, 사람들과 인연을 맺은 후 그들 곁에 항상 유용한 사람으로 머물라. 해외에서 인연을 맺은 후에는 작은 정보라도 제공하며 상대에게 항상 관심이 있다는 것을 어필하도록 하자. 유용한 사람으로 머무르다 보면 결국 비즈니스에 참여할 기회가 생긴다. 언젠가 누군가는 당신의 도움을 청할 것이다. 그러면서 인생이 확 바뀔 수 있다. 이렇게 살다 보면 당신은 쌓인 시간만큼 경쟁력 있는 사람이 되어 있을 것이다.

나도 크게 다르지 않았다. 차곡차곡 이런 것들을 쌓으며 오늘까지 왔다. 30년 가까이 해외에서 현지인보다 더 철저히 현지인으로 계속 살았다는 것도 중요하다. 날마다 국가가 변해 가는 것을 보고 느끼며 그 틈에 있는 많은 기회를 사업에 활용할 수 있었다.

시간의 누적치만큼 시간의 깊이만큼 그 사람이 살아온 흔적만큼 그 나라에서의 시간이 농익어 성공 확률이 높아지고 그 가운데 경쟁력도 생기고 기회도 생긴다. 어차피 한 번 사는 인생, 소중한 인연들과 더불어 멋지게 살자!

Let's Go Together!

코라오 그룹은 한때 연말 파티에서 직원 가운데 각 분야 1등을 선정해 시상하는 행사를 했다. 성과가 우수한 직원상, 동료들에게 도움을 가장 많이 준 직원상, 고객들에게 칭찬을 가장 많이 받은 직원상 등 다양한 상을 수여했다. 그 자리에서 의외로 회장인 내가 2관왕을 했는데 '제일 행복한 사람상'과 '제일 불행해 보이는 사람상'을 동시에 받는 이율배반적인 일이 일어났다.

전자는 직원 모두가 사랑해주니 행복한 사람이고, 후자는 돈이 자기들보다 많아도 가장 늦게 퇴근하고 주말에도 출근하니 행복해 보이지 않기 때문이란 것이다. 나는 사실 일을 할 때 제일 행복한데 그걸 미처 몰랐던 모양이다.

행복의 교차로

어릴 적 집안이 너무 가난했던 탓에 한때는 돈을 많이 버는 것만이 행복이라고 생각한 적도 있었다. 그런데 30여 년 사업을 하면서 안 될 듯하던 사업이 역전되고, 쓰러질 것 같은 것들을 일으켜 세우며 온몸이 짜릿할 정도의 희열을 느꼈다. 이런 일이 반복되면서 어느 순간부터는 새로운 사업을 계획할 때부터 마음이 설렜다. 상상을 구체화하고, 어제까지 세상에 없던 것들을 만들면서 내 삶이 충만해졌다.

30대 중반부터는 돈을 벌기 위해 사업한다는 말도, 성공하기 위해 사업한다는 말도 싹 사라졌다. 돈과 성공은 내 성취에 자연적으로 따라왔다. 돈과 성공과 명예는 내가 이루고자 하는 목적이 아닌 걸어가는 내 발 아래 놓이는 전유물과 같은 것이었다!

무에서 유를 만드는 가치, 나와 함께하는 직원들이 나보다 더 행복해하는 그 얼굴을 보는 즐거움, 사람들이 좋아하는 것을 바라보는 기쁨. 그것을 알게 되니 준비 단계부터 설레고 사람들의 행복이 내게도 반사되어 나도 행복해진다.

이곳의 삶이 나를 그렇게 바꾸었다.

사업은 혼자서는 할 수 없는 일이다. 사업은 사람, 그리고 시대와 소통하는 일이다. 사람들의 불편을 해소해주고 행복을 제공해 그 대가를 받는 일이다. 다방향으로 행복을 주고받는 것이 바로 사업이다. 그런 의미에서 기업이란 행복의 교차로이다.

언젠가 한 청년이 "청춘과 인생의 대부분을 해외에서 보냈는데, 혹시 외롭지 않으세요?"라고 물은 적이 있다. 간혹 한국의 사계절이 그리운 적은 있었다. 더운 나라에 살다 보니 장독대 위에 하얗게 쌓인 눈이 그립고, 봄 내음이 가득한 갖가지 들꽃, 붉게 온 산을 물들이던 단풍이 그리울 때가 있다. 고향 묵호의 코발트 빛 바다에서 갓 건져 올린, 알이 꽉 찬 갑오징어의 싱싱한 맛도 사무치게 그립다. 하지만 성취의 기쁨이나 나누는 행복에 비해 그 정도의 외로움은 가슴 한편에 묻어둘 만하다.

일생을 건 베팅

2018년 월드컵 8강전을 치를 때였다. 피파 랭킹 2위의 브라질과 3위의 벨기에가 맞붙었다. 사람들이 생각하는 승률은 브라질 64%, 벨기에 36%였다. 모두 브라질의 승리를 점쳤다.

라오스 국민은 워낙 축구를 좋아해 세계적인 경기가 있을 때면 같이 모여 응원전을 펼친다. 조금씩 돈을 걸고 베팅도 한다. 이 경기가 있기 전, 나는 코라오 전 직원을 모아놓고 얘기할 기회가 있었다. 축구 경기를 화제 삼아 말을 꺼냈다.

"내가 지금 100만 원을 베팅하려고 하는데 어디에 할까?"

그러자 전부 브라질에 해야 한다고 답했다.

"브라질 승률이 64%고, 벨기에가 36%잖아요."

그들은 내가 아무것도 모르는 줄 알고 있었던 모양이다.

"난 벨기에에 하고 싶은데…."

그러자 이구동성으로 절대 안 된다고 말렸다.

그때 한 직원이 "30%만 벨기에 걸고 70%는 브라질에 걸라"고 말했다. "브라질이 이기면 배당이 나오니까, 큰돈은 못 벌어도 조금은 벌 수 있고, 벨기에가 이기면 또 배당이 높으니 적자는 보지 않을 것"이라고 진지하게 조언했다.

내가 웃으면서 말했다.

"36%나 되는 확률인데도 나보고 베팅하지 말라고요?"

나는 본론으로 들어갔다.

"포춘 500대 기업의 10년 생존율은 고작 16%입니다. 30년 생존율은 한 자리 숫자고, 100년 생존율은 1% 미만입니다. 그렇다면 우리 코라오의 30년 생존율이 몇 프로나 될 것 같습니까? 이렇게 낮은 확률임에도 난 왜 코라오에 모든 걸 걸고 투자할까요? 여러분과 함께하면 반드시 이길 걸로 생각하고 베팅을 했습니다. 내 진정성이 보입니까? 우리 함께 갑시다. 렛츠 고 투게더!"

그러자 직원들이 일어서 우레같은 박수를 치기 시작했다. 사업하는 재미가 여기에 있다. 성취의 기쁨이다. 성공률이 50%를 넘기는 일은 별로 재미없다. 승률이 낮아야 이겼을 때 오는 희열과 재미가 더 큰 법이다.

《다정한 것이 살아남는다》라는 책에서 저자 브라이언 헤어, 버네사 우즈는 "우리의 삶은 얼마나 많은 적을 정복했느냐가 아니라 얼마나 많은 친구를 만들었느냐로 평가해야 한다"고 이야기한다. 그런 의미에서 난 잘 살아온 것 같다. 스스로가 대견하다. 이 낯선 나라에서 나와 함께 길을 가며 같은 꿈을 꾸는 친구들이 이토록 곁에 많으니 말이다.

난 지금 있는 라오스에 뼈를 묻을 생각이다. 그래서 내 무덤도 만들어놓고, 묘비명도 써놓았다. '한바탕 신나게 잘 놀다간다'고.

내 행운을 이들과 함께 나눌 수 있어 진정 행복하다.

하이웨이에는 길이 없다

글로벌 경영의 판도를 바꾼 코라오 스토리

2025년 1월 20일 초판 1쇄 발행

지은이 오세영
펴낸이 이원주

책임편집 고정용   **디자인** 정은예
기획개발실 강소라, 김유경, 강동욱, 박인애, 류지혜, 이채은, 조아라, 최연서
마케팅실 양근모, 권금숙, 양봉호, 이도경   **온라인홍보팀** 신하은, 현나래, 최혜빈
디자인실 진미나, 윤민지   **디지털콘텐츠팀** 최은정   **해외기획팀** 우정민, 배혜림, 정혜인
경영지원 강신우, 김현우, 이윤재   **제작팀** 이진영
펴낸곳 (주)쌤앤파커스   **출판신고** 2006년 9월 25일 제406-2006-000210호
주소 서울시 마포구 월드컵북로 396 누리꿈스퀘어 비즈니스타워 18층
전화 02-6712-9800   **팩스** 02-6712-9810   **이메일** info@smpk.kr

ⓒ 오세영 (저작권자와 맺은 특약에 따라 검인을 생략합니다)
ISBN 979-11-94246-58-9 (03320)

• 이 책은 저작권법에 따라 보호받는 저작물이므로 무단전재와 무단복제를 금지하며,
  이 책 내용의 전부 또는 일부를 이용하려면 반드시 저작권자와 (주)쌤앤파커스의 서면동의를 받아야
  합니다.
• 잘못된 책은 구입하신 서점에서 바꿔드립니다.
• 책값은 뒤표지에 있습니다.

쌤앤파커스(Sam&Parkers)는 독자 여러분의 책에 관한 아이디어와 원고 투고를 설레는 마음으로
기다리고 있습니다. 책으로 엮기를 원하는 아이디어가 있으신 분은 이메일 book@smpk.kr로 간단
한 개요와 취지, 연락처 등을 보내주세요. 머뭇거리지 말고 문을 두드리세요. 길이 열립니다.